m o n a d s h i n s h o

モナド新書 007

橋下維新の挑戦とアンシャン・レジーム

宮崎 学

にんげん出版

m o n a d s h i n s h o

はじめに――橋下徹の人権感覚と政治感覚

本書を書き上げたあとの二〇一三年五月下旬、伸び悩んでいた日本維新の会の支持率が急落した。その原因は、橋下徹の「慰安婦」「風俗業」発言にあった。

「軍の規律維持のために、慰安婦制度は当時は必要だった」

「人間に、特に男に、性的な欲求を解消する策が必要なことは厳然たる事実」

「風俗業は必要だ。普天間飛行場に行った時、『もっと風俗業を活用してほしい』と言ったら、米海兵隊司令官は『米軍では禁止している』と。しかし、建前はやめて法律上認められた風俗業を真正面から活用してもらわないと、海兵隊の猛者の性的なエネルギーはコントロールできない」

「だいたいアメリカはずるい。一貫して公娼制度を否定する。しかし米軍基地の周囲で風俗業が盛んだったことも歴史的事実」

こうした発言に対して、「言語道断」「下劣」「極右」「女性の人権を無視」といった非難が浴びせられ、毎日新聞の世論調査（五月一八—一九日実施）では、従軍慰安婦制度が必要だったという発言に七一％が「妥当でない」と答え、維新の会の支持率は落日の民主党以下の四％にまで急下降した。

だが、この発言は、そう簡単に切って捨てられるものではない。それはセックスの問題をめぐる世間一般の良識や各国政治権力の主張の偽善を突いているし、さらにいえば、その底にある近代的人権意識の欺瞞《ぎまん》と撞着《どうちゃく》をも突いている。そういった点を自覚したうえでの批判なら実りがあるが、そうではなく、ただ切って捨てる非難は、そのうちきっと足をすくわれる。いま、日本社会の状況は、そういうところまできていることを知らなければならない。

橋下徹の人権感覚は、「正常」な人権意識から外れているように見えるが、それは見ている者が「あってはならないもの（たとえば売春）があることを認めるのは人権に反する」という無菌デオドラントな人権意識にとらわれているからだ。そういうふうに現実を外側から裁断するのではなくて、悲惨と汚辱に満ちた現実のありかを見すえること、その現実の内側に、その悲惨と汚辱に苛《さいな》まれている者たちとともに立つこと、そこからこそ個人の尊厳を確立する途《みち》ははじまるのだ。

このように見るとき、この発言において橋下は、デオドラントで空疎な人権意識は免れているが、悲惨と汚辱の当事者とともに、そのさなかに立つことはしていないことがわかる。だから、慰安婦と性労働者《セックスアルバイター》を同列において「必要」、「活用」だということばを使ってしまうのだ。そこが、たとえば同じ被差別民出身の政治家でも松本治一郎などと違うところだ。

ここに橋下の人権感覚の限界と問題性がある。

それは、橋下の政治感覚の限界と問題性と逆説的に連動している。事実、現実はそうである以上、それをごまかすのはずるい、欺瞞だというのは、ある意味でまったく正しい。しかし、およそまっとうな政治家は、その正しさを認め、その正しさに抵触することを自覚しながら、「ずるく欺瞞的」な施策をおこなわなければ、悲惨と汚辱を「政治」を通してなくすことはできないと考えてきたのだ（そういう政治家は、昔はいたけれど、いまの日本では実にほとんど皆無なのだが）。善し悪しは別にして、そういう政治にしかならないのが「大衆民主主義《マスデモクラシー》」の宿命なのだ。

そこをふまえないままにタテマエの欺瞞を突けばいいというだけでは、大衆政治の地平では、「タテマエのカマトト」とは裏返しの「ホンネのカマトト」になるだけなのだ。それでは現実を動かすことなんかできはしない。じっさいに、事態の進行は、橋下のリアリティが生きずに、タテマエとホンネのカマトト合戦みたいになってしまっているではないか。

デオドラントで空疎な人権意識ではなく、リアルで実効的な人権感覚を政治の上に貫こうとするなら、大衆民主主義《マスデモクラシー》自体と訣別すべきなのだ。ところが、橋下は、依然として大衆民主主義《マスデモクラシー》に立って、その過激な形態を追求している。それがリアルな人権感覚との矛盾を生みだしている。

ここに橋下の政治感覚の限界と問題性が露呈しているのである。

橋下がホンネの政治を貫こうとするなら、それぞれの個人や集団が固有の利害＝関心《インタレスト》にもとづいて「意見の闘争」をおこないうるような新しい政治（それは実は旧《ふる》い政治なのだけれど）をつくりださなければならない。そして、それは、一番下のところにある現場の自己統治からつくりだしていくしかないのだ。

国政（国家政治）進出がまちがいだったのだ。大阪（自治体政治）に帰り初心を貫くべし。

橋下維新の挑戦とアンシャン・レジーム——目次

Ⅲ　橋下維新と自己統治

I

橋下徹を押し上げてきたもの

1　政治家橋下徹の軌跡

自民大勝の裏で

二〇一二年一二月一六日投票の衆議院選挙は、自民党の大勝、民主党の惨敗に終わり、政権はふたたび自民党にもどることになった。二ヶ月前には一〇〇議席以上獲得するという予測もあった日本維新の会は五四議席にとどまり、第三極を形成して政界をリードしていくというもくろみは果たせなかった。

その結果、二〇〇八年に政治の世界にデビューして以来、大阪から日本社会を変える途《みち》をひた走ってきた橋下徹の挑戦は、一頓挫を来した。しかし、橋下は、二〇一三年七月の参議院選挙には、法改正が実現すれば、大阪市長在任のまま出馬するつもりだと表明したことがあり、まだまだ挑戦が終わったわけではない。

そして、この選挙をめぐる動きを見ても、いま日本社会が深いところから大きな変貌の波にさらされ、翻弄されながら、ゆくてを模索しているという感が深まるばかりである。東日本大震災・原発事故の翌年、まだ復興も進んでいないもとで、あれほど騒がれた復興と原発の問題が争点にならない選挙戦、政権党からでていくおびただしい数の離党議員、第三極をめぐる理念も政策も無視した離合集散・即席の新党の結成、そして戦後最低の投票率……。これは、今日の日本の諸政党が、大勝した自民党を含めて、日本社会の変貌の波に乗れないままに翻弄されていることを示しているのではないか。

そもそも橋下徹の政界登場と、彼がリードしている「大阪維新」「日本維新」の運動は、その変貌の波が生みだしたものであり、またその波に乗って飛躍しようという企てなのではないか、と私は考えている。

ところが、日本社会のさまざまなレヴェルの指導者、領導者、先導者たるべき、いわゆる識者たちの多くは、この「橋下維新」を、そうした日本社会の大きな変貌からとらえようとしていないように思える。そして、これを一時的なファド（熱狂）やファッションとして軽視したり、あるいはデマゴギーやアジテーションとして危険視したりするだけなのだ。せいぜいのところ、その背景にある「日本社会の閉塞状態」なるものを指摘するぐらいで、お茶を濁しているだけではないか。

だから、橋下維新に反対する人たちは、いろいろなかたちで橋下のデマゴギーを暴き、またみずから閉塞状態を打開する途を説いていた（つもりでいる）わけだが、にもかかわらず、橋下支持者の蒙《もう》を啓《ひら》き、みずからのもとに糾合することには、いっこうに成功してこなかった。

その結果、ついには「橋下徹は被差別部落の出身で、父親はヤクザである」という「血脈」を理由とした人格攻撃までおこなうにいたったのである。二〇一一年一一月の大阪府知事・市長ダブル選挙のときのことだ。しかし、それは逆効果に終わり、橋下は予想をはるかに超えて大勝した。今回の総選挙の前にも、『週刊朝日』（二〇一二年一〇月二六日号）などでふたたび同じキャンペーンを張ろうとしたが、これも橋下に糺弾され、失敗に帰した。

橋下の行動様式、政治手法についての分析や批判は数多くある。しかし、それらを見ても、なぜ橋下がこれだけの支持を得られているのか、納得のいく解答を見つけることができない。そして、こうした全体の動きを見ていて感じられるのは、さっきいったように、これは日本社会を深いところから大きく変えようとしている変貌の波によるものではないか、ということなのだ。識者の多くは、この変貌の波から橋下とその支持者の動きをとらえようとせず、既成の観念からとらえようとしているから、それがわからないのではないか。そう思うようになったのである。

凡庸なタレント知事かと思ったら…

橋下徹が政治家として登場したのは、二〇〇八年一月のことだった。

このとき、大阪府知事選挙に立候補して、当選。それまで橋下は、関西法曹界では若手の有能な弁護士として知られていた。さらに、日本テレビの番組「行列のできる法律相談所」にレギュラー出演して、ジーパンに茶髪、サングラスの風体、歯に衣着せぬ弁舌で人気を博し、テレビのコメンテーターなどとして活躍するタレントであった。

そのときの大阪府知事は、元通産官僚の太田房江。横山ノックのあと、二〇〇〇年に府知事に就任した太田は、府の最大の課題であった財政再建に成果を上げたと評価され、また「大阪都構想」を掲げて注目されていた。だが、金銭問題の疑惑などもあって、各党の支持を失い、その後継としてでてきたのが、橋下だった。

このとき、橋下は独自の新しい政策を持ちあわせておらず、「子どもが笑う、大人も笑う大阪に」「人が集い、交わる、にぎわいの大阪に」といった耳ざわりはいいが内容のない公約を掲げただけで、のちに目玉政策となる「府庁移転」も「大阪都構想」も掲げていない。関東でマスコミ報道を見ていただけの私は、正直なところ「また凡庸《ぼんよう》なタレント知事か。大阪はどうなっとんのや」と思っていた。

じっさい、のちに聞いた出馬の経緯によると、自民党の古賀誠、強力な地方分権論者の堺屋太一の働きかけがあったとはいうものの、タレント仲間の島田紳助、やしきたかじん、辛坊治郎の説得が大きかったようで、政治的な野心や抱負をもっての政界デビューではなかったといえる。「二万％出馬はない」などと、そのころのエピソードが伝えられているが、それらによると、政治家としてはまったくの素人で、きちんとした見識も定見ももちあわせていなかった、というのがほんとうのところだったようだ。

政治家橋下徹の資質について、特にその政治手法を批判する人たちからは、相反する二つの評価がある。一つは、彼の政治的本性が独裁的・権力的で危険であるという評価、もう一つは、政治的定見がなく、状況に対応して見解をくるくる変えていく機会主義者《オポチュニスト》にすぎないという評価の二つ。前者の評価からは、だからあいつの本性を暴いてやらなければならないということになり、後者の評価からは、だから単なる人気とりのポピュリストにすぎないことを明らかにしてやらなければならない、ということになる。いずれの場合にも、橋下徹の政治的資質や政治力を軽視し——というより、蔑視し——、府民や国民は、ただ、だまされているだけだ、という対応が目立つように見受けられる。

しかし、私は、そんな単純なことではないと思っている。橋下徹は、政治家として、偏《かたよ》ってはいるが優れた資質と政治力を備えており、それを発揮したからこそ、ここまで支持を広げてこられたのだと見なければならない。確かに、政治的な面に限っていえば、橋下徹は、政治理念、政治思想、政策体系をまとまったかたちで持ちあわせないままに出発し、いまだにそれをきちんとしたかたちにつくりあげることができていない。しかし、そうした定見の未熟さを補ってあまりある、優れた状況対応力をもった政治家なのではないか。私は率直にいって、そう思っている。それは、彼の府知事就任後の政治上の軌跡を見ればわかる。

体制変革としての都市自治体改革の発想

府知事就任記者会見の場で「財政非常事態宣言」を発した橋下知事は、ハコモノ施設の廃止、出資法人の廃止・見直し、知事を含む府職員の給与削減をはじめとして、府経営改革に乗りだし、「減量経営」を推進してきた。さらに、大阪府庁を大阪ワールドトレードセンタービルディングへ移転することを提案する——府議会で否決されたが——などして耳目を集めていた。これらの一連の改革には、地方自治体を経営体として合理化する「都市経営論」的な発想がうかがえる。

また、国の直轄事業の地元負担分請求を問題にし、「ぼったくりバーみたいな請求書」だとして内訳を公開させ、出先機関の庁舎建設費、人件費、退職金などを地元負担にしていたこと――その公開された中身で明らかになった――を批判して、全国的な運動を起こし、直轄事業の地元負担金を廃止させた。このような、地方自治体の自立、地方分権の推進のなかから、大阪府と大阪市の二重行政をあらためる「大阪都構想」を、のちに提起することになる。これらの施策には、戦前来、日本の自治体のありかたの問題としてとりあげられてきた「大都市制度改革」の発想がうかがえる。

こうした政策は、橋下を批判する側からは、一括して「新自由主義改革」と非難されることが多いのだが、「都市経営論」も「大都市制度改革」も、新自由主義とは別に、古くから日本の自治体において問題になってきたものなのである。それを、自治体制度や自治体経営の歴史とはまったく無縁のまま知事になった橋下が、短期間の内に研究して論点、問題点を理解し、みずからの政策として打ちだしてきたのだ。そこに、橋下の政治家としての問題把握能力と政策理解能力の高さを見るべきだろう。

じっさいに橋下は、二〇〇九年九月に地域主権改革を掲げる民主党が政権をとり、鳩山由紀夫内閣が発足すると、一二月に政府の地域主権戦略会議のメンバーに選ばれている。それは、新政権が、みずから掲げる地域主権改革を推進するうえで、橋下の政策と力量を評価したからではないか。

「大阪都構想」

そして、翌二〇一〇年一月、橋下府知事は「大阪都構想」を発表し、四月には、この構想を実現するための推進力として、地域政党「大阪維新の会」を結成することになる。このころから、橋下改革は、「大阪維新」「体制維新」など「維新」の名で呼ばれるようになり、その相貌を明らかにしてきたが、それは一般的な地域主権改革の域をでた、独特な内容をもつものであった。

橋下が明らかにした「大阪都構想」とは、どういうものだったか。要約すると、だいたい以下のような内容のものである。

大阪府庁と大阪市役所をともに解体して、大阪都庁を新設する。大阪市内の二四区は（のちには隣接の堺市を含めて）、中核市並みの特別自治区に再編する。この特別自治区を「基礎自治体」として位置づけ、大阪都は東京都に匹敵する「広域自治体」として位置づけられる。基礎自治体としての特別自治区は、教育・医療・福祉などの住民サーヴィスを担当し、公選制の区長と区議会、教育委員会をもち、中核市並みの自立性をもつ。広域自治体としての大阪都は、経済成長戦略、産業政策、景気・雇用対策などを担当し、財源を投資してインフラ整備、企業育成などをおこなう。これによって、大阪府と大阪市との二重行政を解消し、職員を二割以上削減する。

だいたい、こういうふうな構想としてだされている。

このような構想は、大阪府・市の改革だけで実現できないことは明らかだ。国の地方制度改革、さらには税制改革など、国家統治のありかた自体の大きな改革が必要になってくる。だから、体制変革を意味する「維新」を標榜《ひょうぼう》するようになったのだろう。そして、これが、彼らのいう国家レヴェルの「統治機構改革」につながっていくわけだ。

橋下ブレーンの特徴

橋下府知事は、ほとんど何の構想ももたないまま、当選してから二年足らずの間に、みるみるうちに、こうした大きな構想を仕立て上げてきた。もちろん、自力でやったのではない。そこには多くのブレーンが関与していた。

大阪市役所には、平松邦夫・前市長時代にはたった三名だった顧問が、二〇一二年四月の時点で一八人、参与が四三名もいる。これは次々に増えたり入れ替わったりしているので、現時点での正確な数ではないが、いずれにしても自治体の顧問・参与としては異例の多さだ。これらのブレーンたちが、大阪府市統合本部会議、戦略会議といった重要会議に出席し、そのもとに組織されたさまざまなプロジェクトチームを実質的に率い、支えてきたのである。

まえにのべたように、政治家・橋下は、もともと独裁的・権力的な本質をもっていたのが次第に露呈されていったのでもなければ、ポピュリストとしてただ人気とりのために右往左往してきただけなのでもない。まとまったかたちの政治理念、政治思想、政策体系をもちあわせていなかったのが、状況に対応するなかで、それを急速に身に着けてきたというのが、ほんとうのところだと思う。

だとするなら、橋下にそれらを伝授したブレーンの存在が、彼に大きな影響をあたえたにちがいないと考えるのが常識に叶《かな》っているだろう。

では、橋下のブレーンたちは、どんな理念、思想、体系の持ち主だったのか。

橋下のブレーンは、多数にのぼり、途中で政策転換する過程で入れ替わったりしているが、そうしたなかでも、一貫している部分がある。その部分が体現している思想が、結局、現在のところでは橋下の政策体系のバックボーンになっていると考えられる。

そのバックボーンをなしている部分は、二つの流れからなっているように思われる。

その一つは、経営コンサルタントの流れ。

橋下が「大阪維新の会」を立ち上げるとき、相談したのが、経営コンサルタントの大前研一。大前は、よく知られているように、アメリカに本拠を置く世界的コンサルタント会社マッキンゼー・アンド・カンパニー・インクでディレクター、日本支社長を務めた世界的に有名な経営コンサルタント。そして、一九九五年に日米同時出版した『地域国家論』(英語版のタイトルは *The End of the Nation State* すなわち『国民国家の終焉』)で、国民国家の衰退、国民経済の拡散にともない地域経済が活性化し、地域国家が形成されることを説いている。その持論にもとづいて「平成維新の会」を結成して都知事選に立候補したこともある御仁だ。

大阪都構想の中心になっているブレーン、慶応大学教授の上山信一も、この大前と同じマッキンゼー出身の元コンサルタントだ。上山は、平松市長の前の關《せき》淳一市長が、二〇〇四年に市政改革のために設けた大阪市市政改革推進会議の委員長をしていた人物で、それ以来、「大阪維新」と称する改革を推進してきている。二〇一〇年に『大阪維新』(角川マガジンズ)という本を書いているが、私が読んだかぎりでは、大阪都構想について、この本がもっとも包括的でまとまった解説書といっていいようだ。橋下が推進している大阪都構想の構図は、ほとんどこの人が描き上げたものといってさしつかえない。

この二人が、経営コンサルタント系ブレーンの中心である。そのほかに、シカゴロースクール出身の原英史、ビジネス・ブレークスルー大学院大学教授の余語邦彦、グローバルダイナミクス代表取締役社長の山中俊之といった人たちも、それぞれ橋下ブレーンのなかで重要な位置を占めているが、いずれも元経営コンサルタントだ。

もう一つの流れは、「脱藩官僚」の系譜。

大前研一とならんで橋下ブレーンの大御所とでもいうべき存在は、大阪生まれの作家・評論家、堺屋太一。もともと通商産業省（現在の経済産業省）の官僚だった堺屋は、官庁を飛びだしてから、「団塊の世代」のネーミングで知られるように、日本社会の長期変動を見すえた、官僚支配打破の論陣を張ってきている。いわば「元祖脱藩官僚」だ。以前から関西経済界には強い影響力をもっており、橋下府政の内情にくわしい自民党府議によると、島田紳助

註1　著者である一ノ宮＋K21が二〇一二年に刊行した著作に書かれていることを示している。巻末の「参考文献」のページで検索すると、それが一ノ宮美成＋グループ・K21『橋下「大阪維新」の嘘』（宝島社、二〇一二年）であることがわかる。以下、引用文献は、同じように表示する。

や、やしきたかじんが担ぎだした橋下を、自民党中央や関西財界につないだのが堺屋太一だといわれている［一ノ宮＋K21二〇一二］(註1)。その意味でも、政治家橋下徹の生みの親ともいえる存在だ。

この堺屋を筆頭に、橋下ブレーンの中心メンバーには、もともと中央省庁の官僚で、官庁を飛びだして官僚支配打破、民間活力推進をとなえている「脱藩官僚」が多い。「経営コンサルタント系」として挙げた人たちも、上山信一が元運輸官僚、原英史が元通産・経産官僚、余語邦彦が元科学技術庁官僚、山中俊之が元外務官僚と、いずれも「脱藩官僚」なのだ。

これだけではない。急進的な公務員制度改革を推進して排除された元経産省官僚の古賀茂明、元財務官僚で金融担当相時代の竹中平蔵の側近だった嘉悦大学教授・高橋洋一、それから、これは官庁ではないが、日銀の出身で社会保障税制改革にくわしい学習院大学教授・鈴木亘など、かつての中央官僚の俊英が、橋下改革の重要分野の責任あるブレーンになっているのである。

古賀は、行政改革担当相時代の渡辺喜美に重用され、みんなの党のブレーンでもあり、また高橋も、地方交付税の廃止、地方自治体の徴税権の設定など地方税制の改革を唱えて、やはりみんなの党ブレーンで、「維新」運動が政策上の翼を伸ばすうえで、大きな役割を果たしている。

橋下ブレーンには、ほかにも注目すべき人物が何人も含まれている。たとえば、地方分権改革にくわしい行政学の俊英、東京大学教授の金井利之、公共経済学では慶應義塾大学教授の土居丈朗、原子力政策では環境エネルギー政策研究所所長の飯田哲也、教育改革では「百ます計算」の提唱と実践で知られる陰山英男や小河《おごう》勝など、その分野ではよく知られた優秀でユニークな人材が登用されているのである。

経営コンサルタントと脱藩官僚の思考様式

これらの橋下ブレーンの主要メンバーは、一括して新自由主義者としてくくられており、したがって橋下自身も新自由主義者であるとして批判されることが多いようだ。が、たとえば大前研一、堺屋太一、竹中平蔵という中心人物の間でも考え方には大きな違いがあるし、そのほかのブレーンたちの間では、さらに違いが大きい。これらを新自由主義として一括して否定するのは、いかにも粗雑な議論だと思う。そんな批判では、橋下がなぜ支持されているのかが、わかってこないのではないか。

それよりも、これらブレーンに共通の属性からでてくる考え方の傾向に着目する見方、つまり、経営コンサルタントと脱藩官僚の思考様式、行動様式の特質から見てみるのが、筋道として正しいのではないか。

経営コンサルタントというのは、経営に対するアドヴァイスを職業とするもので、それが職業として成り立つためには、いくら理念が立派でも、理論が優れていても、それだけではだめなのだ。企業なら、その個別企業の経営全体を変えていく具体的な指針が示されなければならないし、またその指針によっておこなわれた実践が成果を上げなければ評価されない。そして、企業にとって成果とは、企業業績が上がることであって、それ以外の何物でもない。つまり、そこで求められているのは、徹底した実践本位の経済的合理性なのだ。

一方、官僚の場合は、「企業業績を上げる」というようなわかりやすい目標、基準があるわけではない。だから、経済合理性だけで動いているわけでもない。産業に対する行政の施策の場合でも、業界全体をどうするのか、ほかの業界、ほかの産業との関連で施策を講じていくことが要請される。また、生産のことだけではなく、消費のことも考えなければならない。だから、そこで必要とされるのは、単なる経済的合理性ではなくて、システム的合理性なのだ。システムの合理性は、そのシステムを構成する個々の要素が、自己のために追求する合理性の総和としてあるわけではない。

経営コンサルタントも、システム志向をもっている。たとえば、この商品分野を重点的に開発すればうまくいくというときでも、大きな企業の場合には特に、それだけに経営努力を傾注してもうまくいかない。それにともなった営業・販売体制、消費者対応体制のシフトを同時におこなっていかないと、その商品分野の業績が伸びても、全体としては機能不全に陥って失敗することがよくある。だから、経営体全体としてのシステムをどう合理的に編成していくのかが、経済的合理性にとって重要であることを、経営コンサルタントは知っているのである。

実践本位の経済合理性とシステム合理性

橋下の自治体首長としての特徴は、新自由主義を自治体に適用したということではなく、それ以前の問題として、こうした実践本位の経済的合理性とシステム的合理性を、経営コンサルタントと脱藩官僚から学んで身に着け、彼らの知見を動員して、大阪府・大阪市という自治体を経営体として合理化することに邁進したという「自治体経営」の理論と実践にこそある。

もちろん、こうした理論と実践は、これまでもあったことで、「自治体」を「経営体」としてとらえて、うまく経営しようという発想は、以前から、いろいろなところで試みられてきたことなのだ。だから、こういう発想が新しいから注目すべきだというのではない。そうではなくて、こういう発想が新たなリアリティをもってきているということが重要なのだ。

それが新たなリアリティをもってきているのはなぜか。あとで具体的に検討するが、そこにこそ事実として進行してきた日本社会の大きな変貌があり、その変貌を生みだしてきたグローバリゼーションという世界的な動向があるのだ。

新自由主義は、このグローバリゼーションに対するひとつの対応として生みだされてきたものだ。もうひとつ、新自由主義には、グローバリゼーションをさらに促進して利用する、という面がある。だが、グローバリゼーションそのものは、新自由主義がむりやりつくりだしたというようなものではない。そこをとらえそこなうと、グローバリゼーションに対応すること自体が即新自由主義だというとらえかたになってしまい、ただそれに反対して、これまでの枠組を守ることに汲々《きゅうきゅう》とすることになってしまうのだ。

だから、まずは、新自由主義といったイデオロギーで、橋下改革の性格を覆ってしまうのではなく、橋下自身のもっと根本にある現実的な思考様式、行動様式から見ていく必要があると私は思っている。

統治機構改革から国政進出へ

橋下は知事就任以来、ブレーンたちとともに、経済的合理性とシステム的合理性から大阪府・大阪市の経営体としてのビジネスモデルを考えていた。その結果、大阪都構想を中心とする改革案に到達し、それを実現するための関西広域連合、道州制……と改革の規模を広げてきた。そして、これら一連の改革を「統治機構改革」と呼ぶようになったのである。

また、それと関連して、地域政党であった「大阪維新の会」の国政進出を企てるようになる。そして、ほかの首長や地域政党との連合・連携を試みたのち、二〇一二年九月に「日本維新の会」を結成、次期衆院選での単独過半数獲得をめざして国政に進出することを宣言するにいたった。

この「統治機構改革」と「国政進出」は、たがいに関連しあっているものの、実は、まったく別の問題であり、区別して論じないといけない。私は、彼らが「統治機構改革」に進んでいくのは当然のことと思うが、「国政進出」はそうではなく、特に全国単一政党をつくって総選挙で多数をめざすというやりかたはまちがっているのではないかと思っていた。その後の展開、特に石原慎太郎ら旧「たちあがれ日本」(二〇一二年一一月「太陽の党」と党名変更)

との合同、衆議院選挙に際しての政策転換、そして、選挙結果は、私のそのような判断をさらに強めるものになっていた。

大阪都構想なんて、憲法改正を必要とする根本的な地方制度改革がおこなわれなければ実現できないのだから非現実的だ、橋下は実現不可能なことを口先だけで主張しているのだ、といわれてきた。確かに、そうした根本的な改革が必要とされる構想であることは、まちがいない。そして、ある意味では、そこにこそ、いまこうした構想が俎上に上げられる根拠があり、そこにおいて、逆に現実的なのである。つまり、**統治機構の根本的な改革が必要とされているからこそ、それが大阪都構想という具体的な改革構想を生みだしている**、わけなのだ。

橋下は、政策とはアプリケーション・ソフトであり、統治機構とは、それを動かすためのOS（オペレイティング・システム）だという。そして、彼らが用意している新しいソフトを作動させるためには、現在のOSでは古くてダメなので、新しいOSにバージョン・アップしなければならない、と強調しているが、これは、そのとおりではないか。

明治維新以来の中央集権というアンシャン・レジーム

一九九〇年代にいわれたのは五五年体制の崩壊だけではない。明治維新以来、日本型近代化のためにつくりあげられた中央集権の統治機構というアンシャン・レジームそのものが桎《しっ》梏《こく》になってきていることが、さまざまな面において指摘されてきた。この桎梏を打破する課題は、官僚支配の解体、地方分権の推進として、各政党・党派それぞれに政策・方針は違っても、大枠の方向としては共有され、一貫して追求されてきたことだったのだ。

そうした流れのなかで、大阪、関西という地域、地方の社会を再生させるという目的にもとづいて、地域、地方から提起されてきた統治機構改革は、その中身が妥当であるかどうかはもちろん重要だが、ひとつの提案として真剣に検討されてしかるべきものなのだ。

そして、こうした橋下流統治機構改革は、国家機構全体に関係しているので、国政を動かさなければ実現できないことは確かだ。その意味では、「国政進出」は必然的なことのように見える。しかし、**「国政を動かす」ということと「全国政党になる」ということとは、まったく別の問題**だったのである。

大阪維新の会は、当初じっさいに同じような地域政党を「〇〇維新の会」のかたちで各地に設立して連携するとともに、国家機構全体に関わる問題を、機構改革の必要性を認識しはじめていた全国の自治体首長、さらには地域ごとに組織されようとしていた地域政党・地域政治団体の連合を通じて、国政を動かす方向を追求しようとしていた。

ところが、さっきものべたように、この路線が転換され、国会の過半数をめざす単一の全国政党として日本維新の会が組織され、政権獲得すなわち日本国家の権力奪取が直接めざされることになった。これは、維新の会のアイデンティティを変え、政治団体としての性格を変える大転換というべきものである。

支持の陰りと政権転換

日本維新の会が「日本再生のためのグレートリセット」と称して提起した「維新八策」。そのなかには、大阪維新の会が追求してきた改革要求から当然でてくる「地方財政計画制度・地方交付税制度の廃止」「消費税の地方税化と地方間財政調整制度」などだけではなく、それまでの改革要求と直接関係のない、またそこから必然的にでてくるわけでもない「首相公選制」「参議院廃止を視野に入れた衆議院優位の強化」「道州制を見据え地方自治体の首長が議員を兼職する院を模索」「憲法改正発議要件を三分の二から二分の一に」などが盛り込まれていたのである。「維新八策」の前文には、「大阪維新の会の理念を実現するために、維新八策を提案する」と書かれているが、中身を見てみると、かならずしもそれだけではなくて、大阪維新の会の理念とは異質なものが入りこんでおり、明らかな断絶が見られる。

しかも、この日本維新の会立ち上げの一ヶ月後には、「たちあがれ日本」を引き継いで石原慎太郎を代表にかついで結成された「太陽の党」と合同し、石原代表・橋下代表代行という新「日本維新の会」に衣替えしたのだ。この新「日本維新の会」では、それまでの政策であった「TPP参加」「脱原発」などが放棄され、党規約にまで明記されていた「企業・団体献金の禁止」をとりさげるなど、明らかな政策転換がおこなわれている。

これについて、新聞報道によれば、日本維新の会大阪サイドでは「勝つためにはやむをえない妥協だった」といわれているが、じっさいには、これを契機に、日本維新の会への支持はめっきりと陰りを見せていくことになったのである。そして、選挙の結果は、当初もくろんでいた三五〇以上の立候補にすら遠くおよばず、議席も過半数どころか五四議席にとどまってしまったのだ。

橋下自身は、「参議院廃止を視野に」という統治機構改革政策に反するかたちで市長在職のまま参議院選挙に立候補することをほのめかしていたが、日本維新の会の国政進出は、基本的に失敗したと見なさなければならないだろう。

ただ、これで「橋下維新」の挑戦が終わったわけではなく、今後の日本社会のゆくえに大きな影響をあたえつづける可能性はまだ残っている。

原点回帰を求める声

この国政進出についても、もともと橋下がねらっていた独裁的・権力的な企図にほかならないという「本質顕現」の見方と、状況に応じて見解を変えていく機会主義者《オポチュニスト》的要素が露呈されたものだという「状況対応」の見方の二つがあるようだが、基本的には状況対応の結果だと見るべきだろう。

しかし、この状況対応の選択は、橋下支持の人たちから見ても、これまでのいくつかの優れた選択とは異なって、誤った方向に向いているのではないか、もう一度、もともとの大阪維新の会の原点にもどらないと、せっかくの問題提起も無に帰し、さらなる混迷を招き寄せることにしかならないのではないか、と危惧されていることも事実だ。

大前研一は、すでに衆議院選挙投票前の一二月一二日の『毎日新聞』夕刊で、「国政政党への移行自体が大きなミスだった」「今や多くの国民の支持を得る理由が乏しい」として、「いったん原点に戻るべきだ」と語っている。具体的には「まずは大阪を磨く」こと、「複数の自治体が立ち上がる」こと、つまり大阪の自治体改革をもっと深いものにして、全国の自治体に波及させる方向に進むべきだと助言している。いま、このような声が、多く聞かれるようになっている。

この総選挙では、滋賀の嘉田由紀子、名古屋の河村たかしなど、自治体から国政への挑戦は、いずれも失敗に終わっている。また、河村の「減税日本」にしても、北海道の「新党大地」にしても、地域政党の「全国化」もうまくいっていない。日本維新の会は、自治体から、地域政党から発した国と地方の関係改革をどのように進めるべきか、原点に帰って考え直すことを問われている。

二〇一三年四月には、日本維新の会が、地元・大阪以外の首長選に、はじめて公認候補を擁立した兵庫県伊丹、宝塚両市長選で、いずれも大敗を喫した。伊丹、宝塚は、どちらも、大阪都構想のなかで大阪都に含めることがめざされていた市である。そこで大敗したことは、維新の会が地域から遊離してしまっていることのあらわれだといえるだろう。

その意味では、二〇一三年七月の参議院選挙、あるいは次の衆議院選挙に向けて、日本維新の会が、国政においてどのようなポジションを占めようとしていくかによって、大阪から始まった統治機構改革が、もともとの軌道を逸脱してしまうのか、ふたたび本旨にもどって、ほかの自治体・大都市の動きと連携して、地方分権改革の波をつくりだしていくのか、大きく変わってくるのではないかと思われる。

2　ハシズム批判の展開

橋下政治批判の二つの潮流

このように急速に台頭してきた橋下徹の政治的主張と大阪府政・市政改革の実行——この主張と実行の体系を「橋下政治」ないし「橋下維新」と呼ぶことにする——に対して、さまざまなかたちでの批判が巻き起こってきている。これらの批判には、大きく分けると二つの流れがある。この二つは、たがいに関連しあっているが、区別したほうがわかりやすい。

二つの流れのうちの一つは、橋下政治によって不利益をこうむり、みずからの権利を侵害されていると感じている社会集団の利害＝関心《インタレスト》に立脚した、具体的な批判である。これは、批判というよりは、反撃といったほうがいいかもしれないもので、具体的な要求と権利の主張である。これらをまとめたものとして、大阪の地方自治を考える会『「仮面の騎士」橋下徹』（講談社）、一ノ宮美成＋グループ・Ｋ２１『橋下「大阪改革」の正体』（講談社）、同『橋下「大阪維新」の嘘』（宝島社）などがある。

もう一つの流れは、台頭する橋下政治に対して危惧を懐《いだ》いた文化人・知識人が、政治学、社会学、精神医学など自分の学問分野の知見にもとづいて、思想的あるいは理論的に批判したものである。これは、橋下を「独裁者」「ポピュリスト」「ファシスト」に似た民主主義への敵対者」などと規定して、その本質を暴くというかたちをとっている。これらをまとめたものとしては、内田樹・香山リカ・山口二郎・薬師院仁志『橋下主義《ハシズム》を許すな！』（ビジネス社）、第三書館編集部編『ハシズムは沈むか』（第三書館）などがある。これらの批判は「橋下主義」と「ファシズム」とをかけた「ハシズム」という造語で橋下政治を規定した点で共通している。

およそすべての問題に関して自由な批判が活発におこなわれるべきであり、とりわけ権力に対する批判の自由は極めて大事である。しかし、同時に、批判の論点の吟味も重要で、それをおこたると、批判は単なる非難のしあい、不毛な論争の泥沼に落ち込んでしまい、実りを生むことはない。むしろ私は、批判の論点の吟味を通じて、問題の所在を明らかにしていきたいと思っている。

そのような観点から、これらの批判を見るとき、まず重視しなくてはならないのは、公務員攻撃に反対する前者の利害《インタレスト》＝関心に立脚した、具体的な要求と権利の主張である。これこそが現場性と当事者性に立脚した批判なのだ。

橋下擁護の側からは、これらを「既得権にしがみつくもの」「利己的な主張」などとして否定する意見があるが、それが不当な既得権や利己的な主張であるか、それとも固有の権利や正当な要求であるかは、まさに、それが問題になっている「現場」において、それに利害＝関心《インタレスト》をもっている「当事者」どうしが、「意見の闘争」において明らかにしなければならないことなのだ。これこそが、もっとも実りある批判と論争にほかならない。というより、いま日本社会において必要とされているのは、唯一、こうした現場性と当事者性を持ちあわせた「意見の闘争」ではないか、という気がしている。

一方、文化人・知識人によるハシズム批判は、現場における当事者の問題というよりは、橋下の政治的・思想的な本質を暴くというかたちでおこなわれてきたきらいがある。もちろん、それはそれで意味はあるのだが、それでは、そのような本質をもったものが、なぜ台頭しているのかについて、「閉塞感」とか「停滞感」という情緒的な説明以外に充分な掘り下げがなされていない。そのために橋下の側の政治的な主張や思想的な立場とかみあったものにはなっていない。というよりも、橋下なんて存在は、もともとかみあわせる価値のないものだとしてあつかっている感じがする。

このようなかみあわない批判のやりかたでは、橋下を支持している人たちを考え直させることはできないのではないか。

橋下の人気は、タレント政治家が大衆をだまして人気をさらって危険な方向に誘導している、というようなつくりあげられた虚構のブームではない。それは、現在の日本社会の状況、直面している課題に根ざして提起されてきた打開の方策、改革の政策が、支持を得ている、という現実的な問題としてとらえるべきである。

そして、そのような打開の方策、改革の政策が「まちがって」いる、「危険な」ものだというなら、「正しい」方向、「安心な」方向を対置して、そこにおいて対決していくべきだ。そのような対処こそ、文化人・知識人といわれる人たちの役割ではないのか。

橋下維新が提起した改革の方向に対して、どのような対案をだすべきなのか。そのことを明らかにしていくために、まずハシズム批判の論者たち、および現場での当事者の反撃を支えた学者・評論家たち、彼らが提起した対立軸を検討してみる。

ハシズム批判に設定された三つの対立軸

第一に、もっとも激しく浴びせられた批判は、「ポピュリズム」批判だ。

「『既得権益』との対決構図をつくり、冷遇されていると思っている人たちから喝采を浴びる」（北大教授・山口二郎）

「東日本大震災で政府への信頼は失われ、不安を抱いた国民に『救世主待望論』が出ている」なかで「既存体制の破壊」を掲げ、「公務員や労組など分かりやすい敵を」提示して不満を結集しているのであって、「みんなが期待しているのは『一発逆転ガラガラポン』。個別の政策への支持ではない」（北大准教授・中島岳志）

（『朝日新聞』二〇一二年三月二日）

こういう現象を、ポピュリズム現象として、橋下がそうしたポピュリズムを煽《あお》る手法を採っているというわけだ。そして、それはやがて橋下を発信源としながらも、だれにもコントロールできない状況を呼び起こし、熱狂が増幅され、より過激な右翼的、強権的政治が求められるようになる、というのだ。

こうした熱狂した情念的なポピュリズムの煽動に対して、冷静で理性的なデモクラシーの熟議が対置されている。全体として、「ポピュリズム」対「熟議デモクラシー」（populism vs. deliberative democracy）という対立軸が設定されているようだ。

第二に、大きな批判の論点としてあったのは、改革の方向性を規定している「新自由主義」に対する批判である。

大阪都構想を中心とする改革は、公共圏においてカヴァーされていた公共サーヴィスを市場にゆだねて競争にさらしたほうがうまくいくという市場万能・競争主義の新自由主義思想にもとづくもので、このような改革を強行すれば、格差がより拡大し、福祉が切り捨てられ、弱者が犠牲にされる、というような批判がなされてきた。

また、大阪都構想に関しても、結局、道州制に収斂《しゅうれん》されるとして、その道州制のもとには、新自由主義があるというわけだ（「日本の多国籍企業が国際競争に勝つための道州制」「カネを出すのは住民、利益は多国籍企業」という国際競争本位の体制であり、「住民生活に直結する福祉・教育は市町村でやれ」という責任転嫁である［一ノ宮美成＋グループ・K21 二〇一二］）。

それでは、これに対して、どのような統治機構、自治体のありかたが必要なのかというと、はっきりした、まとまったヴィジョンが提起されるところまで、いってはいないようである。結局、中央政府（国家政府）と自治体（地方政府）が福祉に責任をもち、拡充せよという「福祉国家」論、あるいは「新しい福祉国家」論が対置されていて、「新自由主義」対「新福祉国家」(neo-liberalism vs. new welfare state）という対立軸が設定されているように思える。

第三に、橋下自身の不寛容で独善的な態度、「独裁者的パーソナリティ」に対する批判が集中的になされてきた。

「物事を単純化し、レッテルを貼って切り捨てる」「批判勢力を徹底的に排除する言動に、戦後米国に吹き荒れた思想弾圧『マッカーシズム』を感じる」（山口二郎）

「さあ、どっち、丁か半か、みたいなことを迫ってくる」「黒か白かという判断しかできない人たちを見ると、…（中略）…精神医学的な病理を感じてしまう」「自分と少し異質なものをたたく風潮とフィットしているのかもしれない」（精神科医・香山リカ）

「かつての独裁者」の『学術的教授の多様性』ではなく『スローガン』に対応する『偉そうなマニフェスト』ではなく『キーワードの発信』」（薬師院仁志）

この点については、実にいろいろなことがいわれてきたが、やがて、こうした人格は「血脈」に根ざしたものだから、そのルーツを暴かなくてはならない（佐野眞一）というところまでいったのである。

要するに、パーソナリティにおける「独裁者的人格」対「民主的人格」（dictatorial

personality vs. democratic personality）という対立軸が設定されているように思える。

以上見てきたような「ポピュリズム」対「熟議デモクラシー」・「新自由主義」対「新福祉国家」・「独裁者的人格」対「民主的人格」という、ハシズム批判者たちによって設定された三つの対立軸は、相互に関連しあっているが、とりあえず、一つずつ、批判が当たっているのかどうか、見ておくことにしたい。

ポピュリズムとは何か

第一に、橋下政治はポピュリズムだという批判についてだ。二〇〇〇年代初頭の小泉純一郎政権のころからよく使われるようになった、この「ポピュリズム」ということばは、かなり曖昧な、ときとして恣意的な使われ方をされてきている。

大衆の不満を結集して熱狂させる指導者の政治がポピュリズムだとされたり、マスメディアを使って政治を演出する劇場型政治がポピュリズムだとされたり、要するに大衆的な人気を得た政治家を反対派が批判するときに貼りつけるレッテルのようなものになってしまっている感がある。

そういう俗流ポピュリズム論ではなくて、ちゃんとした政治学による定義を見ると、ハシズム批判の先頭に立っている政治学者の山口二郎は、ポピュリズムの定義を、次のように言っている。

「自分たちは政治的統合の外部に追いやられており、教養ある支配層から蔑視され見くびられている、これまでもずっとそのように扱われてきた、と考えているような多数派を決起させることを目的とする、ある種の政治とレトリックのスタイルのこと」［山口二〇一〇］

つまり、政治からのけ者にされ、蔑《さげす》まれているように感じている多くの人たちを、口先のうまさ（レトリック）と行動の受けのよさ（スタイル）で惹きつけて、起ち上がらせるやりかたのことだという。

私は、このポピュリズムの定義も問題があり、ちゃんと歴史的な内容をふまえたとらえかたをすべきだと考えている。歴史的な内容を捨象してしまったために、われわれが若いころによくいった「ファシズム」とか「ファッショ的」とかいうレッテルによる批判と同じようなことになってしまっているからだ。

「ファシズム」というのは、第一次世界大戦をきっかけに、イタリアを中心とする南ヨーロッパのラテン系社会に生まれた特有の内容をもった政治思想で、一九三〇年代日本の政治にも一定の影響をあたえて、「天皇制ファシズム」と呼ばれる思想を生みだした。これが一九六〇年代、七〇年代日本の政治潮流に当てはまらないのは明らかなことだったのだ。にもかかわらず、このレッテルを濫用することで日本の左翼はリアリティを失っていったのである。

それについてはあとでふれるとして、ハシズム批判のなかでも非常に学問的な装いをもった、この定義からしても、はたして橋下政治はポピュリズムだといえるのかどうか、検証してみる必要がある。もしかしたら、これも、高等なレッテル貼りにすぎないのかもしれないからだ。

橋下支持はポピュリズムによるものか

橋下に対する大きな支持は、ほんとうに橋下のレトリックとスタイルに乗せられて熱狂し、疎外された大衆が情緒的に結集したポピュリズム現象なのか。それを見極めるためには、橋下支持の実態を見る必要がある。

ここに、二〇一一年一一月の大阪府知事・市長ダブル選挙のときの有権者の投票行動を実証的に調査分析した政治学者の論文が二つある。これにもとづきながら、橋下支持の実態を見てみることにしたい。

一つは、神戸大学法学部講師で政治意識論が専門の善教将大と関西大学法学部准教授で政治学の坂本治也の二人による「橋下現象はポピュリズムか？——大阪維新の会支持態度の分析——」という論文［善教・坂本二〇一二］。

二人は、「大阪維新の会への支持は熱狂的なのか」「大阪維新の会への支持の背後には政治不信があるのか」という二つの点について意識調査をおこない、支持の実態を分析している。

維新の会に対する支持が熱狂的なのかどうかについては、

① 強く支持する「熱狂」層
② 弱い支持態度を有する「穏健」層
③ 支持しないが好ましいと感じる「潜在」層
④ 好ましいとすら思わない「拒否」層

図1　大阪維新の会への四つの指示態度の割合

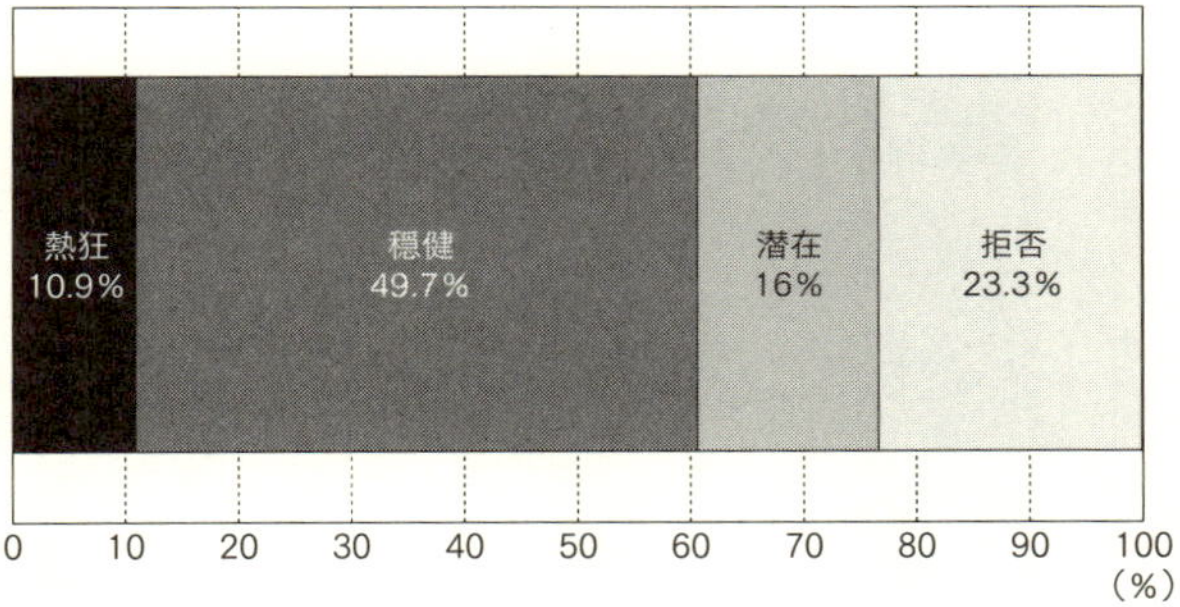

図2　政治家に対する不信感と大阪維新の会への支持関係

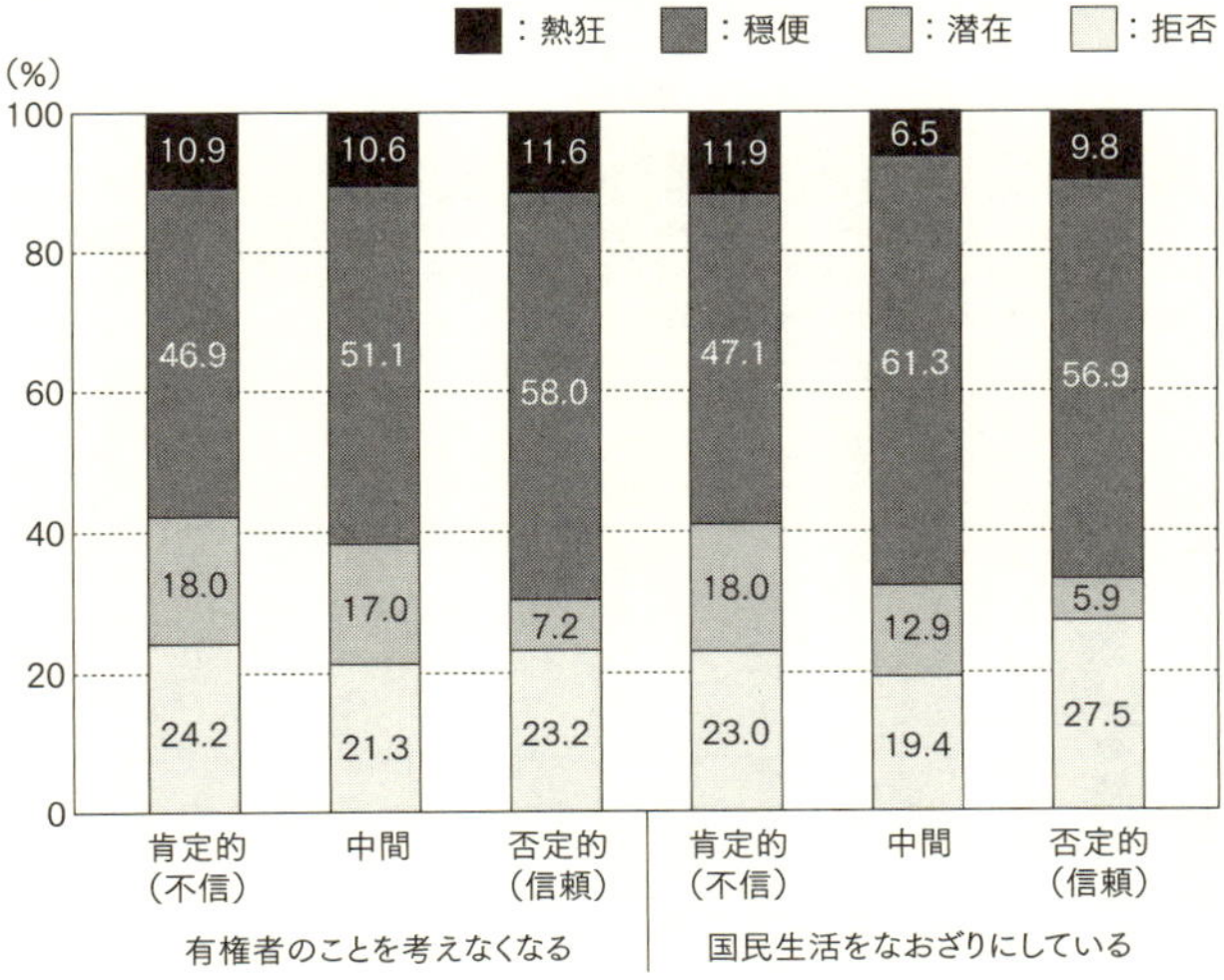

図3　政党への不信感と大阪維新の会への支持関係

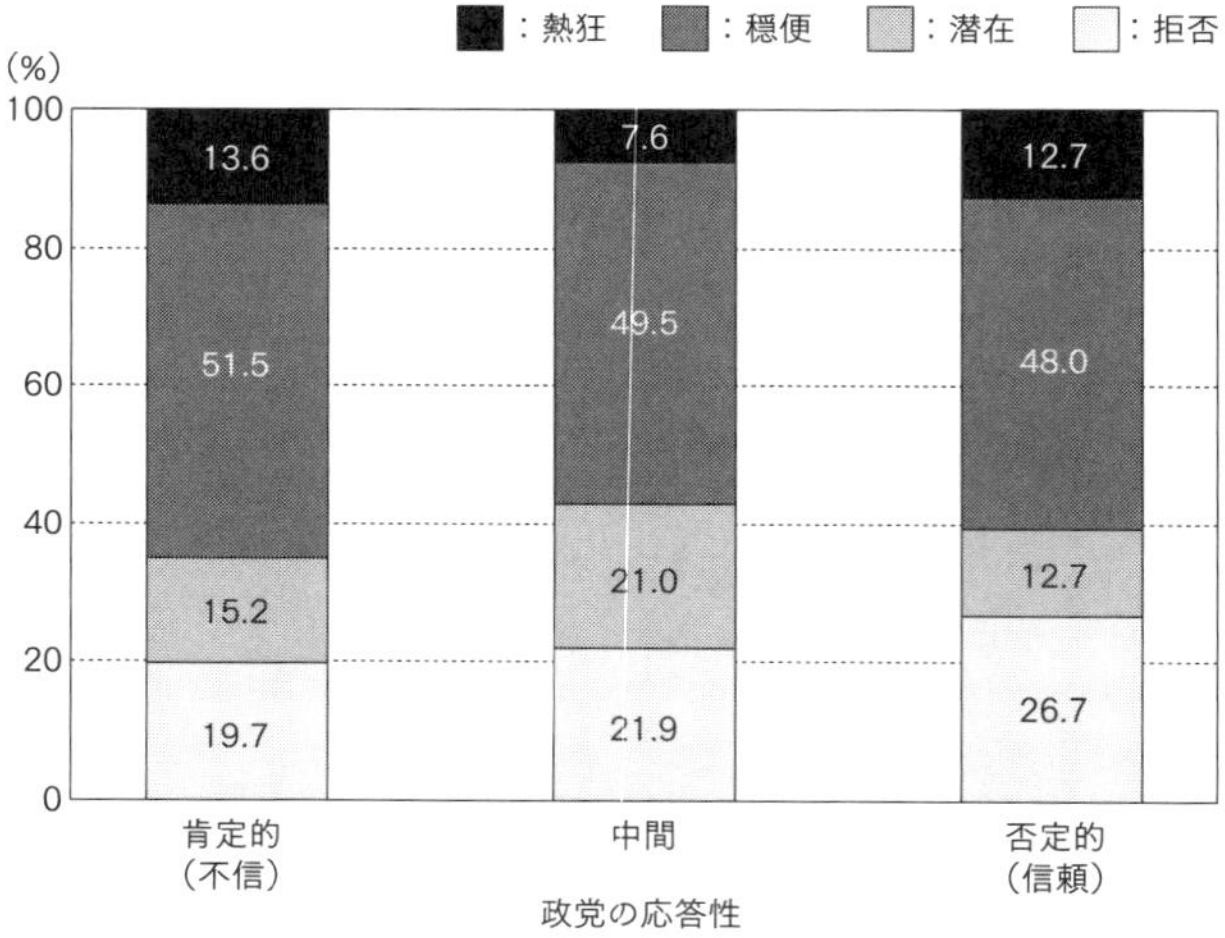

＊註　図 1～3 は、「橋下現象はポピュリズムか?―大阪維新の会支持態度の分析」（善教将大　坂本治也）を参考に作成。データは、松谷満らの「大阪府民の政治参加・選挙に関する世論調査」による。(2011 年実施)
http://synodos.jp/politics/1357

の四つの層に分けて、分布を見ている。

その結果、図1のように、「穏健」層が過半数を占め、「熱狂」層は一〇%にすぎないことがわかる。

そして、これら各層別の投票行動を調査した結果を見ると、「穏健」層が「熱狂」層と同等あるいはそれ以上に維新の会に投票していることもわかってきた。

これらの調査結果を分析した二人は、**「有権者の多くは『ポピュリスト』に扇動された**

のではなく、実態としてはある程度の冷静さを保ちつつ、大阪維新の会を支持し投票した」と結論づけている。

維新の会への支持の背後に政治不信があるのかどうかについては、「政治家への不信」「政党への不信」の二つについて、維新支持に関する「熱狂」「穏健」「潜在」「拒否」の四つの層との関係を調べている。政治家への不信については、「政治家は選挙が終わると有権者のことを考えなくなる」という意見、「政治家は自身のことばかり考えて国民の生活をなおざりにしている」という意見への賛否を調べ、政党への不信については、「政党があるからこそ民意が政策に反映される」という意見への賛否を調べている。

その結果が、右の図だが、これを分析した二人は、**「大阪維新の会への支持は、［政治家や政党に対する］不信というよりもむしろ信頼によって支えられているのである。したがって、ここでの分析においても、大阪維新の会への支持者は、政治から疎外され、また『ポピュリスト』によって扇動された人たちではないと主張することはできるのではないだろうか」**と結論づけている。

橋下支持は有権者意識の正常な反映である

もう一つの調査分析を見てみよう。それは、中京大学准教授で政治学の松谷満の「誰が橋下を支持しているのか」という論文〔松谷二〇一二〕。

この論文で松谷は橋下を「ポピュリズムの体現者」とみなしているが、にもかかわらず、調査分析の結果は、前に見たようなハシズム批判でいわれているポピュリズム現象とは一致しない、ある意味では相反する結果を導きだすことになっているのは興味深い。

この調査分析で注目されるのは、橋下支持の分布を、年齢、職業、階層などの社会的属性との関連で見ているところにある。

ハシズム批判論者のいう「橋下政治＝ポピュリズム」論では、橋下を支持しているのは、若くて、正規社員などになれず、生活が不安定で、下流階層・中流下階層に属する人たちが中心で、これらの人たちが、安定した生活をしている人たちへの妬《ねた》みに駆られ、不満の解消のためにポピュリストの橋下を支持しているのだ、というような見方がとられていた。

ところが、調査してみると、そうではないことがわかったのだ。くわしい調査結果とその分析は、論文そのものを見ていただくとして、分析からでてきたのは、次のような実態である。

第一に、特に若い人たちの間で支持率が高いわけではなくて、むしろ「強い支持」（前項の善教・坂本論文でいう「熱狂」層にあたる）がもっとも多いのは、なんと六〇代であるということ。

第二に、非正規雇用・無職層では支持が低く、むしろ管理職・正規雇用層で支持が高いということ（図4参照）。

第三に、「下流」階層の支持が低く、むしろ「上流」「中流の上」階層の支持が高いということ（図5参照）。

これらの実態は、ハシズム批判論者の「橋下政治＝ポピュリズム」論の見方とはほとんど正反対といっていいだろう。

そして、第四に、非常に注目されるのは、橋下支持と「地位・収入の重視」というファクターとの関連なのである。高い地位を得たい、高い収入を得たいという志向が強い者ほど橋下を支持する割合が高く、「強い支持」が多いという結果がでているのだ（図6参照）。

これらの実態を総合して考えてみると、**橋下を支持している層の中心は、安定した職業をもったアッパー・ミドル以上の階層に属する中高年層で、生活のレヴェルアップを志向している人たち**だということになる。

松谷は、これに関連して、「橋下維新」の運動は、「「大阪を」今以上に成長させ、世界の大

図4　橋下に対する支持（雇用形態・職業別　60歳以下男性）

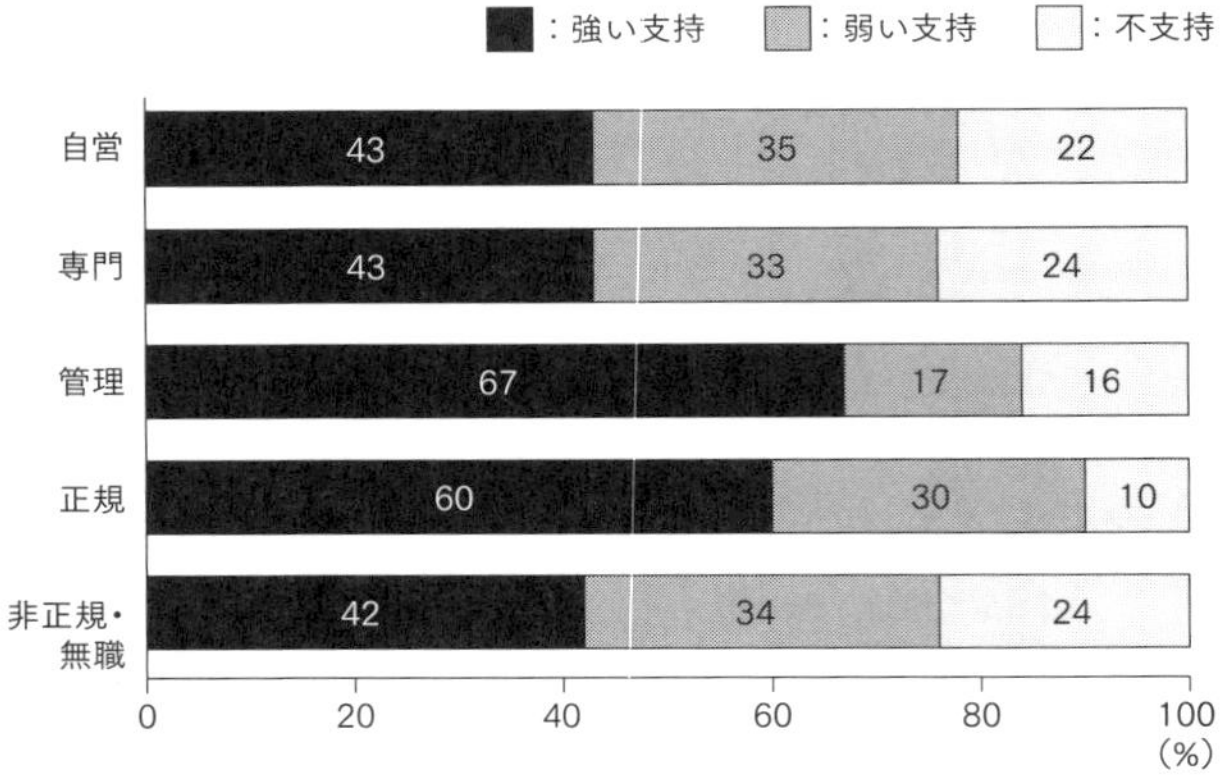

＊註　「サンプル数が小さいため、結果の信頼性については注意を要する」と調査した松谷は注意を呼びかけている。

図5　橋下に対する支持（階層帰属意識）

（社会のなかでの自身の階層的位置づけ。階層は「上」「中の上」「中の下」「下（下の上／下の下を合わせている）」の４段階）

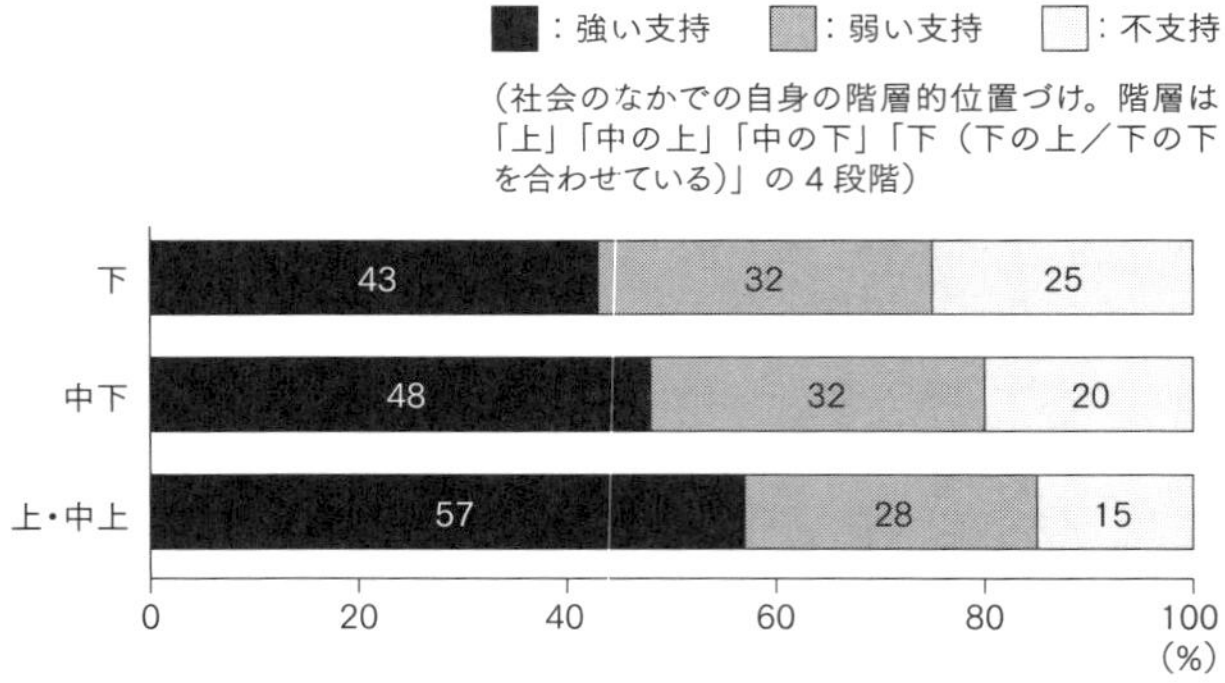

図6　橋下に対する支持（地位・収入の重視）

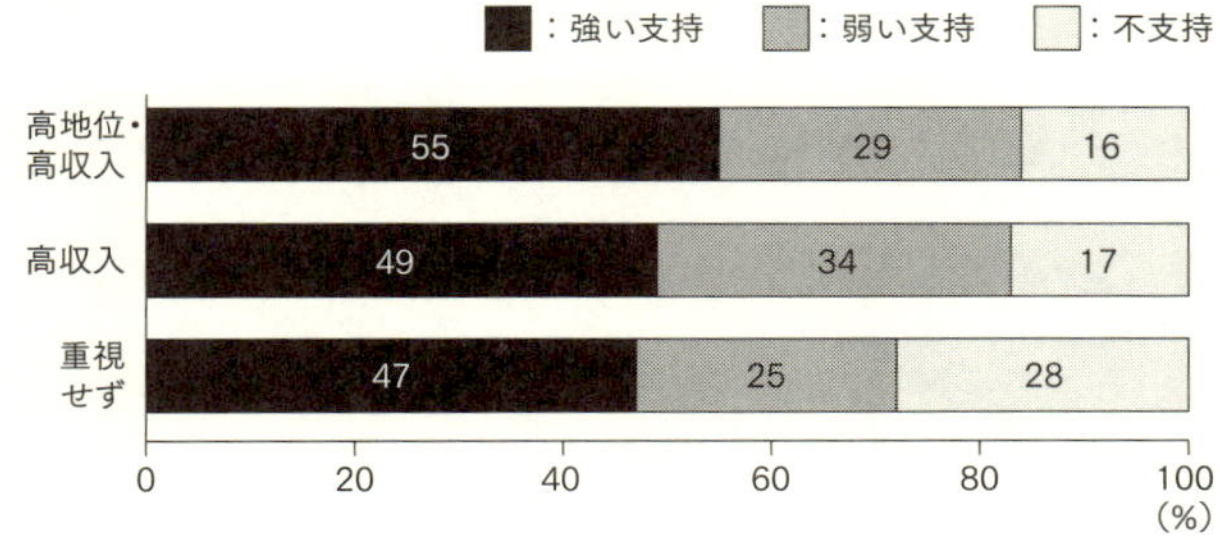

＊註　図4〜6は、「誰が橋下を支持しているか（松谷満、『世界』2012年7月号）を参考に作成。

都市に匹敵するような地域に生まれ変わらせる」という「成長志向」に裏づけられたもので、「過去の華やかなりし『経済成長』を再び目指そうという復興運動」だと性格づけしている。つまり、**大阪の都市経営を刷新し大阪都構想で成長する大都市に再生するという橋下の「都市経営」「大阪都構想」路線こそが、維新への「強い支持」を生んだということ。**

そして、それは、いま見たように、橋下支持層の有権者の意識をそのまま反映したものであって、松谷も、「橋下が支持されるのは、有権者（マジョリティ）の意識をそのまま肯定するような主張を彼が行い、それがノーマルに受容された結果に過ぎない」と結論づけているのである。松谷は、すでに二〇〇九年におこなった調査においても、橋下徹・石原慎太郎（当時大阪府知事・東京都知事）の支持率を分析した結果、「有権者が単なるムードや雰囲気に流されて石原・橋下を支持している、といった『俗流』ポピュリズム論は妥当性に乏しい。有権者は意識的であるかどうかはともかく、自身の政治的価値観に適合的であるがゆえに石原・橋下を支持しているという側面がある」と語っている［松谷二〇一二］。

つまり、**橋下は、不満や嫉妬をデマゴギー的に結集して強権と独裁の政治に導いていく異常な政治家ではなくて、アッパー・ミドル以上の階層の「健全な」要求を受けとめて、それを実現するために改革を提起して実行し、支持を広げている正常な政治家だということになるのだ。**私もそうだと思う。

善教・坂本の二人も、「橋下氏の政治手法を『ポピュリズム』だとする批判の多くは印象論や感情論であり、それゆえに有権者の中に浸透していないように思われる。むしろ、そのような批判を展開すればするほど、有権者はそのような言説に愛想をつかしていくだろうし、また大阪維新の会への支持もますます拡大していくことになるのではないだろうか」と警告している。大阪で起きている事態は、俗流ポピュリズム論に当てはまらないだけではなく、山口二郎の定義したような意味でのポピュリズム現象でもないのだ。橋下維新の運動は「政治からのけ者にされ、蔑まれているように感じている多くの人たちを、口先のうまさ（レトリック）と行動の受けのよさ（スタイル）で惹きつけて、起ち上がらせた」ものではないということ。

そして、そのような現象ではないのに、橋下をポピュリズムだといって批判すればするほど、関心をもって橋下政治を見ている市民は、「そんなことはない」と反発し、むしろ支持が増えていくことになってしまうぞ、といっているわけだ。

だから、重要なのは、橋下を異常な政治家として排除することではなく、橋下が応えようとしている「健全な」要求をどう見るのか、ということなのだ。といっても、それを「健全」と見るかどうかは、問題になるし、またその要求に対する「橋下維新」の応え方がいいのかどうかも問わなければならない。もし応え方がまちがっているのであれば、それとは別の途《みち》を提起することができるのか、ということを見なければならない。

没落するアッパー・ミドルの要求

しかし、橋下維新の運動があたかもポピュリズムであるかのように見えるのはどうしてなのか。それは、いま「健全な」ものだとした「アッパー・ミドル以上の階層の要求」の質によるものなのではないか、と私は思っている。

二〇〇八年のリーマン・ショック以降、日本のアッパー・ミドルは、実はかなり苦しい状態におかれている。ファイナンシャルプランナー藤川太は、「中高年のアッパー・ミドルの一部が〝貧乏スパイラル〟の罠にはまり込んで、ロウアーへ没落しつつある」といっている［藤川二〇一二］。

アッパー・ミドルのつまずきの第一歩が何かというと、「リーマン・ショック以降の」ボーナスの大幅ダウン。基本給に手をつけることは労働法で定められた「労働条件の不利益変更」に当たるため難しい。そこで会社は業績に連動させる形でボーナスをカットしていく。……二〇〇九年夏、冬ともに対前年比で一五％以上の大幅ダウンとなっている。……私のところに相談にきたアッパー・ミドルのなかには「ボーナスがカットされたうえに残業代もなくなって、年収が二〇〇万円もダウンした」という夫婦が少なからずいる。

では、これから景気が回復すればアッパー・ミドルの年収が元にもどるかというと、そうは問屋がおろさない。かつての年功序列型賃金の影響が尾をひき、いまでも彼らの年収は実際の働き以上の水準にある。会社サイドとすれば、これから会社の屋台骨を支えていく二〇代、三〇代を厚遇したいと考えるのは自明の理。そのおこぼれを期待することすら難しくなっている状況なのだ。

それでも会社に自分のポストがあるのなら、まだ恵まれている。なぜなら彼らアッパー・ミドルに対するリストラ圧力は、決して弱まることはないからだ。……後はロウアーの仲間入りに向けて、貧乏スパイラルの坂道を一気に転げ落ちていくだけなのだ。

しかも、彼らアッパー・ミドル層は、所得が減っても、職業上の必要もあって、それまでの生活様式を大きくはあらためることができないというのだ。藤川によると、
そうした没落していくアッパー・ミドルに共通している点が、割り切りのできない〝プチ高所得者〟であるということだ。「少しお金に余裕ができたから」といっては、湧き上がる欲にまかせて買い物を繰り返す。その結果、教育費や住居費を除いた月の生活費が四〇万円以上という家庭も多い。そして一度味わった甘い生活を「フツーの生活」と錯覚してしまい、年収がダウンしても生活水準を切り下げる割り切りができなくなる。

貯蓄があってもその金額は想像よりもはるかに低い。貯蓄額を尋ねて返ってきた答えが「一〇〇万円」ということすらある。生活を切り詰めなければ、あっという間に消え

てしまう〝雀の涙〟程度の蓄えしかない。

また、野村浩子「中流が消える」（『日経ビジネス・オンライン』二〇一二年一一月二二日）によると、すでに製造業・建設業はいま急速に雇用を減らしており、二〇一一年までの九年間でこの二つの業界で約三五〇万人の雇用が失われたが、そうした部分を中心に、「中間層の貧困化」が静かに進み、「中流の崩壊」がはじまっているという。また、給与引き下げはここ五年ほど加速しているうえ、今後さらに動きが強まると予測している。二〇一三年四月以降の「六〇歳以降の継続雇用」義務化により、総人件費が膨らむ分を中高年社員の給料引き下げで調整するだろうとの予測もある。

大都市の管理職・正規雇用層でアッパー・ミドル層、六〇代中心の中高年層といえば、まさしく、先に見たように、橋下政治の「強い支持」層・「熱狂」層にほかならない。**橋下の政治姿勢に見られる安定した既得権への攻撃と強い成長志向は、こうした没落しつつあるアッパー・ミドル層がもつ強い零落への焦燥と再上昇への希求をバックにしたものだといえるのではないか。**

山口二郎が橋下政治は「『既得権益』との対決構図をつくり、冷遇されていると思っている人たちから喝采を浴びる」ものだといっていたが、**橋下がつくる「『既得権益』との対決構図」に「喝采を浴びせている」のは、冷遇されている若い低所得層やロウアー・ミドル層ではなくて、没落しつつ上昇しようともがいているアッパー・ミドル層なのだ。**

大阪都構想は新自由主義によるものなのか

第二に問題にすべきなのは、橋下維新が掲げる大阪都構想を中心とする改革構想は、新自由主義によるものだという論点。

いま見たように、橋下の「都市経営」「大阪都構想」路線こそが、維新への「強い支持」を生んだとするなら、その路線がどのような考え方からでているものなのかは、重要な分析課題である。そして、ハシズム批判者たちは、これを新自由主義にもとづくものだといって批判しているが、はたして、大阪都構想というのは、新自由主義として否定されるべきものなのか、その点を検討しておく必要がある。

確かに橋下の「都市経営」「大阪都構想」路線のアドヴァイザーは、多くが「脱藩官僚」と経営コンサルタントで、一般に「新自由主義者」といわれている人たちだ。そして、そうした思想が橋下の政策に反映されていることも事実だ。だから、新自由主義が問題にされるのは当然のことである。

しかし、その前提としてふまえておかなければならないのは、**橋下の改革構想は、グローバリゼーションに対して大阪という大都市がどう対応して、現在の停滞を脱し、発展の途を見出していくか、というところから発想されている、**ということである。

そもそもグローバリゼーションそのものは、資本主義の発展が近代国家との間の関係を変えざるをえなくなった結果、生みだされたものであって、その資本と国家との新しい関係をコーディネートする考え方としてだされてきたのが新自由主義なのである。要は、新自由主義がグローバリゼーションをつくりだしたのではないということ。そこをとらえそこなうと、グローバリゼーションに対応しようとすること自体が、即新自由主義だというようなとらえかたになってしまい、議論ができなくなる恐れがある。

だから、**新自由主義であるかどうか、新自由主義がまちがっているかどうか、という以前に、グローバリゼーションに対応する都市経営、大都市制度改革が必要なのかどうか、が問われているのだ。**私は必要だと思うが、必要なら、どのような対応が望ましいのか、そこでの議論をやるべきだろう。そこが議論の一つの前提になる。

たとえば人口四万の山形県寒河江《さがえ》市は、かつてニット製造の要として栄えた町だったが、繊維製品の価格は急落、国内の繊維産業は、人件費の安い中国や東南アジアへ工場を移し、町は衰退した。その再興を図って、パリ、ミラノ、ニューヨークの世界トップ市場にねらいを定め、寒河江に残っていた昭和三〇年代に作られた古い機械、それにマッチした古い技術、古い職人技を生かして、世界を驚かせた極細モヘヤをつくりだし、世界進出を果たした。そういうグローバリゼーションへの対応例がある。

近い将来、農村・地方都市は高齢化の峠を越え、逆に大都市が高齢化し、これからは農村・地方都市が直面していた産業衰退と福祉の負担増に悩むことになるだろうと予測されている。そうなれば、旧来のようなかたちの都市間競争ではなく、それぞれの都市に即した、いままでにないタイプの産業形成が求められることになる。そこでは、単なる価格競争、効率競争ではなく、それぞれの地方、都市に特有の付加価値が問われることになるだろう。

こうしたことが、いま、日本の産業にとって必要とされているのではないのか。そして、そのためには、**オール・ジャパンの大まかな政策よりも、都市や地域ごとの具体的条件と個性にマッチした政策を、都市・地域自体が主体になって進めることができるようにすることが必要なのではないか。新自由主義は是か非かという以前に、こういうことができる自治のありかたをどう実現するかが議論されてしかるべきだ。**

もう一つは、大阪都構想や道州制などの地方分権改革、あるいは民主党が掲げているような地方主権改革は、それ自体、新自由主義からでてきたものではない、ということだ。大阪都構想を含む大都市制度改革は、戦前から提起されてきたし、地方分権についても、新自由主義がでてくるずっと前から論議されてきたことなのだ。

グローバリゼーションは、新自由主義に関係があるが、日本の自治制度改革は、それとは独自にとりくまれてきたし、とりくまれなければならない課題なのだ。だいたい、日本では、地方自治体といっても、それがセルフ・ガヴァメント＝地方政府であるという意識も実体もない。橋下が大阪都構想を提起してこれだけ話題と議論を呼んだのだから、いまなすべきことは、日本全国すべてに共通する、そういう自治の意識と実体を論議に乗せることなのだ。そういう議論こそが、求められているのに、「新自由主義だからダメだ」という決めつけは、まちがいである。

だから、ハシズム批判者のほうの改革構想が少しも明らかになってこないのだ。というよりも、なんにも案がないからケチをつけているだけなんじゃないの、といわれてもしかたがない状況なのである。

先ほど橋下批判を二つに分けたように、そうした文化人・知識人の「思想的あるいは理論的な批判」とは別の、現場・当事者の「利害《インタレスト》＝関心に立脚した具体的な批判」には、橋下の改革構想がはらむ問題点についての、重要な具体的指摘がいくつもある。そうした具体的批判を生かすためにも、新自由主義批判に逃げるのではなく、いま自治をどのようなものとして実現すべきなのか、正面から議論することが求められているのだと思う。

この問題については、別の章で、あらためて問題を整理し、考えてみることにしたい。

橋下のパーソナリティは独裁者的か

第三の問題は、橋下徹のパーソナリティが不寛容で独善的なもので、独裁者の資質を示しているという論点。

確かに、橋下の発言には、特にツイートや演説などで、ほかの政治家からは聞かれないような口汚いことばや下品な表現、独善的と、とられやすい断定的な言い方や揶揄的な表現が多いのは事実である。

また、世間で敬意を払われている文化人・知識人に対して、そうであるというだけの理由では少しも敬意を払わない態度も、そういう態度をとられた人たちにとっては、気に障るものだろう。

論争になったとき、自分の主張を断固して譲らない態度、まちがっていると考えるものについてはどこまでも追及する態度は、不寛容だといわれても仕方がないだろう。

しかし、**橋下は権力によって反対論を抑えつけたことはない。激しく反駁するけれど、あらかじめ反対意見を抑えようとはしていない。むしろ、自分から反対論者と公開討論することを求めたりしてきたのが事実である。**

また、自分の無知や勘違い、誤った認識が明らかになれば、それを認めるし、すぐに前言を撤回し、謝罪している。多くの文化人・知識人がそうであるように、自分が知らないことを知らないといえなかったり、見解を変えたのに、それを認めなかったり、言い逃れをしたりして一貫性を保とうとはしないところに特徴がある。

私は、橋下とハシズム批判者との論争を聞いていて、橋下の主張の内容がまちがっていると思った点はいろいろあるが、橋下が不寛容で独善的とは感じなかった。むしろ、批判者の態度のほうが、あらかじめ橋下の意見を認めないようなところがあるのではないかと感じたほどだった。

じっさい、彼らは、ポピュリズム批判や新自由主義批判について見てきたように、橋下の政治的見解が意味しているところや、それが広く支持されている理由を確かめもせずに、あらかじめ否定してかかっているところがある。

一方、橋下のほうにも、行政の現場を知りもしないで、知ろうともしないで、勝手なことをいうな、と客観的な立場での評論そのものを認めない態度が見られることも確かだ。

橋下の言葉遣いや表現についても、いわれた者は不快だろうけれど、私はそれほど気にならない。というのも、若いころから、反対派との論争のときには、これ以上の罵倒のしあい、揶揄のしあいをやってきたし、そのなかから、それは必ずしも不寛容、独善、独裁などのあらわれではないことを知っているからだ。

また、橋下の弁論術が詐術だと批判されているが、法廷での弁論や商取引での交渉の場面で、おこなわれているものとなんら変わらず、詐術だとは思えない。

総じて、ハシズム批判者たちは、橋下の主張の内容そのものに対して、かみあった批判ができないままに、自分たちの主張のもとになっている理念をふりかざし、それを認めるところから議論をせよといって、議論の場を、現実的な状況にどう対応するかにおこうとする橋下を「不寛容」「独善的」「独裁者的」といっているように、私には思える。

むしろ、市民主義・リベラルの文化人・知識人にとって、橋下徹というキャラクターが嫌悪感を呼び起こすもので、しかも、彼の市民主義・リベラル批判が感情を逆撫でするものだから、橋下のキャラクターそのものを否定しようとしているような気がしてならない。

かえって逆効果になっているハシズム批判

橋下政治に無関心だった人や反対している人たちからも、ハシズム批判に対して、たとえばネット上では、次のような声が上がっている。

「文章だけ読むと、なるほどねーという感じですが、あの番組［二〇一二年一月末に橋下批判者たちと討論した「朝まで生テレビ」］を見た人なら、呆れてしまうはずです。それほどまでにあの番組の、精神科医の香山リカさんを含む反橋下派の人たちは、ひどいものでした。ぼくはもともと、橋下氏にも維新の会にもあまり関心がなかったのですが、あの番組を見てよくわかりました。彼が推進する大阪都構想は、非常に説得力のある構想です。

『朝生』は、決して橋下氏をもちあげるような構成ではありませんでした。しかし結果として、ぼくのような『橋下しろうと』にも、彼の考えと行動を納得させてくれるほどに、橋下氏のワンマンショーでした」

「今まで反橋下本を読むたびに『これでは勝てない』と思ってきた。

まず、理念が先走って面白くない。面白さがウリの相手にこれでは勝てない。

さらに、大真面目に罵倒することで同じ土俵に乗ってしまっている。……面白くないのに、同じ土俵。特に『橋下主義（ハシズム）を許すな！』などは戦おうとする相手にエサを投げているような……」

そして、じっさいに橋下は、「朝生」の討論放映後におこなわれた朝日新聞と朝日放送の世論調査で、教育基本条例案など自分の政策への賛成が伸びていたのを受けて語った談話で、

「山口、中島、内田、帝塚山のなんとかの、香山さんとかの、あの人たちに感謝。あの人たちの反対をやれば、多くの民意をつかむ自信があります。あの人たちの反対をすれば多くの人が納得するということがわかりましたから。ああいう貴重なセンサーを大切にしないといけませんね」

とのべて、彼らが「エサを投げている」のを喜んでいるという状況なのだ。(註2)

註2　朝日新聞二〇一二年三月二日

「朝生」の討論についてのネット上の感想に、

「[このバトルはプロレスみたいなもので]反橋下派が『ヒャーッ!』とか『シャーッ!』とか雄叫びをあげながら、妙に仰々しい技で襲いかかるのを橋下氏に軽くいなされ、自爆して果てながらも、『フハハハハ!今日のところは見逃してやる。だが、第二、第三の反橋下派がお前の前に立ちふさがるだろう!』と捨て台詞をはくのが無性におもしろく、橋下氏のヒーローぶりを際だたせるのです」

と書かれていたが、まさしくそういう逆効果をわざわざ引き起こそうとしているかのような批判ぶりなのである。

『橋下徹　改革者か壊し屋か』(中公新書ラクレ)の著書があるジャーナリストの吉富有治は、「朝生」の討論に、いっしょに出演した際の感想として、

「[ハシズム批判者たちの発言は]本人のパーソナリティや彼の政治手法、いわゆる『ハシズム』を分析、批判するもの。要は『橋下なんかウソばっかり言って信用できない。その

ウソも巧妙だから社会も簡単に騙される』というものだ。しかし、彼ら学者が論じなければならないのは、むしろ橋下さんを熱狂的に受け入れる社会の方ではないか」

と語っている。(註3)

日本社会のありかたを掘り下げた批判を

じっさい、有権者の投票行動は、調査分析によれば、ポピュリズムに誘導された結果ではなく、市民の意識をそのまま反映した政策が支持された結果に過ぎないのだし、大阪都構想などの改革は新自由主義にもとづいたものである以前に、グローバリズムに対する現実的な対応から生みだされたものであり、だから支持されているのである。そこから出発して「橋下現象」を考えるべきだろう。そして、そういう状況を批判するなら、なぜ市民はそのような政策や改革を支持するのかを明らかにし、それを求めている日本社会の批判的分析をおこなうことこそが必要なのではないのか。

註3 『ウォール・ストリート・ジャーナル日本版』二〇一二年二月一六日)

ところが、ハシズム批判者たちは、そちらに向かわず、「ポピュリストで新自由主義者で独裁者」である橋下徹に対する個人攻撃にますます向かい、それは、政策や政治行動を離れた人格攻撃になっていき、果ては佐野眞一の『週刊朝日』連載「ハシシタ　奴の本性」(初回で打ち切り、連載中止)にいたったのである。

ここでは、「橋下徹のDNAをさかのぼり本性をあぶり出す」として、「敵対者を絶対に認めないこの男の非寛容な人格であり、その厄介な性格の根にある橋下の本性」を「橋下の両親や、橋下家のルーツ」すなわち被差別部落出身であることに求め、そこから橋下の人格を否定するという、まったくの差別攻撃が臆面もなくおこなわれたのである。

そして、橋下に反対している文化人・知識人の多くは、「連載自体までやめる理由はない。政党の代表ともなればいろんなことを書かれるのは当然」(高村薫)とか、「過剰権力的に他者に対応する者は自身への批判・攻撃に対して受忍の義務がある」(有田芳生)とかいって、この差別的人格攻撃を支持したのだ。

このような対応によって、いまや橋下に反対する人たちの間からも「人権の擁護者=橋下vs.人格破壊者=反橋下の構図になってしまいつつある」という状況になってしまっている[宮崎・小林二〇一二]。

このようにして、全体として、ハシズム批判がむしろ橋下政治を押し上げてきたといっていいような皮肉な状況が現出しているのである。

最初から橋下批判の視点がまちがっているから、結局、こういうところに落ち込んでいってしまったのだといえる。いまからでもおそくはないから、本来あるべき姿に立ちもどって、橋下維新の主張、政策としっかり向き合って、批判を展開してほしいと願う。

3　橋下維新を生みだした日本社会の構造変化

日本社会が直面している転換

橋下維新の台頭は、橋下徹というキャラクターが、ポピュリズムによって不満や嫉妬を結集してつくりだしたというようなものではなく、日本社会のなかにそれを生みだす根拠があったのではないだろうか——。そう考えるなら、まず、大阪維新といわれる改革を支持した大阪府民・市民の要求は、どこから生まれてきたのか、それは日本社会の変化のなかからどのように生みだされてきたのか、そのことを明らかにしなければならない。

そして、その日本社会の変化とは、一時的・部分的な変化ではなく、構造的な変化なのではないか、と思う。だからこそ、統治機構改革のような構造改革が求められてくるのだ。しかし、日本社会の構造的変化とは、あまりにも大きな問題で、これを解明することは、私の手に余る課題である。

といっても、そこから見ていかないと、橋下維新に賛成するにせよ、反対するにせよ、かみあった議論ができない。だから、橋下維新が提起した中心課題の大阪都構想にしぼって、それに関連した道州制や地方政府《ローカル・ガヴァメント》の確立といった課題を含めて、そういう動きがでてきた背景、でてこざるをえなかった事情を、ある程度大きな歴史的視野のなかにおいて見てみることにしたい。そして、それを通じて、橋下維新が提起した問題をめぐって、私たちが対応すべき課題を何らかのかたちで引きだすことができれば、と思う。

二〇一二年一二月、第二次安倍晋三政権が発足した。安倍晋三は六年前の第一次安倍内閣のときから、「戦後政治の総決算」を掲げていた。現在求められている改革を戦後史という枠のなかでとらえているわけだ。**私は、いま日本が直面している転換は、明治維新以来の日本近代史、さらにはヨーロッパ起源の近代社会そのものの転換としてとらえるべきだと考えている。**

いまわれわれは近代の終わりにさしかかっているという認識を持っているからだ。

いずれにしても、大きな転換である。こうした大きな転換のありかたを明らかにするためにも、中期的に「一九八五年以後」という視野で、日本社会の構造変化をとらえてみる必要があるだろう。橋下維新という動きがなぜ起こってきたのかということも、そのなかで考えてみる必要がある。

その出発点としての一九八五年

一九八五年とはどういう年だったのか。

この年の九月に、ニューヨークのプラザホテルで開かれた先進国蔵相・中央銀行総裁会議（いわゆるG5）で、「プラザ合意」と呼ばれる合意が成立した。このプラザ合意の中身は、当時の世界経済において大きな問題になっていたドル高――過大なドル高に悩むアメリカを助けないと、ちょっとしたきっかけでドル暴落を招きかねず、世界経済が大混乱に陥る恐れがあるという懸念――を払拭するために先進国が協調した為替介入の合意である。しかし、日本にとっては、これを契機に、全面的な金融自由化に踏み切り、日本経済を国際的に開放していく決断を意味していた。それなしには合意はありえなかったのだ。それはまた、八〇年代前半から非常に厳しい局面を迎えていた日米貿易摩擦の問題にけりをつけ、対米協調の方向で内需拡大、産業構造転換に舵を切ることも含んでいた。

じっさい、当時の中曽根康弘首相は、プラザ合意後ただちに、首相の私的諮問機関「国際協調のための経済構造調整研究会」を設置、この研究会は、翌八六年四月に「前川レポート」と呼ばれる報告書を提出している。ここには、日本経済の大きな転換を意味する方向性と施策が盛り込まれていた。

そこでは、「従来の経済政策及び国民生活のありかたを歴史的に転換させるべき」だとして、「輸出指向型経済構造」から「国際協調型経済構造」への転換という方向性が示され、「内需拡大」「産業構造の転換」「金融の自由化・国際化」といった施策が盛り込まれていたのだ。また、このレポートにもとづきながら、経済審議会建議としてオーソライズされたかたちで出た「新前川レポート」では、流通、金融、石油業界などを中心とした広範な「規制緩和」が提起されていた。

このようにして、プラザ合意を契機に、日本経済の大きな構造転換がはじめられたのだ。

靖国神社公式参拝の真の意味

一九八五年に起こった出来事で、これとならんで、忘れてはならないのは、八月一五日の敗戦の日に、中曽根首相が、靖国神社に公式参拝したことである。首相の靖国公式参拝は、これが戦後はじめてのことで、ある意味で画期的なことといわねばならない。

前川レポートに示されたような経済の構造転換は、日本社会を激しい国際競争のなかにさらすことによって、国際競争力の弱い分野を淘汰し、国内における競争も激化し、それによって、競争力をつけるための合理化が進展し、国民社会に新たな分断と格差がもちこまれることが、当然予測されていたわけだ。このように自由化・国際化・競争力強化が必然的にもたらす国民社会分解への遠心力に対して、別のかたちで何らかの求心力を高めて、分解を防がなければならなくなる。そこでだされてきた「求心」が、ナショナリズムの高揚であったわけだ。それが首相の靖国公式参拝としてあらわれたのである。この状況は、二〇一三年の現在もくり返されている。

新自由主義政党と化した自民党は、グローバル化に熱心だ。TPP参加問題では、日本の食品安全規制が、アメリカの低い基準に引き下げられる可能性が指摘される。自民党は既に主権の外部化と、グローバルスタンダードの内部化を進めている。この動きと連動するのが、憲法改正の要求だ。

グローバリズムを主導し、国民国家の弱体化を進める人たちは、愛国心を煽る傾向にある。国内における格差が拡大すると、国民の階層的分断が進行する。この不平等の不満を埋めてくれるのがナショナリズムだからだ。ここに国家主権を外部化する人間が、「自主憲法による主権回復」という愛国心を唱導する逆説が生まれる。(中島岳志『朝日新聞』二〇一三年五月一四日付朝刊)

この一九八五年当時は、ヨーロッパ経済、アメリカ経済の停滞に対して、日本経済は依然好調で、いまだにジャパン・アズ・ナンバーワンの美酒に酔っているころだったし、これからおこなわれる構造転換が何をもたらすのかも、一般国民にはまったく認識されていなかった。そのような状態のなかで、いまのうちに経済的繁栄を背景に、イケイケのナショナリズムを鼓吹《こすい》しておこう、というわけだったのだろう。

ここに、以後今日まで続く、**競争至上主義と愛国主義との二つの路線の併存**――佐藤優の表現を借りれば「ケインズ型公平分配路線からハイエク型傾斜分配路線へ」と「地政学的国際協調主義路線から排外主義的ナショナリズムへ」という二つの路線転換［佐藤二〇〇五］

の併存――がはじまったわけだ。そして、プラザ合意が前者の、靖国公式参拝が後者の転換を象徴するものなのである。その意味で、一九八五年は現下の諸問題の出発点といえる。

二一世紀がはじまった一九八九年

こうして、日本の経済における構造転換は、社会における構造変化、政治における構造変化をもたらしていくようになるのだが、それを見る前に、そうした変貌を世界的な規模で規定することになる現象を見ておく必要がある。それは、一九八九年に起こった現象に象徴的に示されている。

一九八九年に起こった出来事とは、ベルリンの壁崩壊であり、最初のクローンの誕生、そしてインターネットの出現である。ベルリンの壁崩壊は、それにつづくソ連圏社会主義崩壊のはじまりであり、クローンの登場はバイオテクノロジー（ＢＴ）の、インターネットの登場はインフォメーションテクノロジー（ＩＴ）の新たな急速な発展の起点となるものであった。

バイオテクノロジーも、遺伝子という情報を操作する技術であり、コンピュータを通じて情報を処理する技術としてのＩＴと同じ「情報処理」による技術革命という性格をもつ。そして、一九八九年のクローン、インターネット登場以前から進んでいた、これらの情報技術革命が、生産を変え、生活を変え、ひいては経済を変え、社会を変えていたのに対し、そうした大きな変貌に適合できない国家指令型の経済社会体制であるソ連型社会主義が崩壊していったわけだ。

これらの情報技術革命は、同時に、商品市場だけではなく、資本市場、労働市場、さらには金融市場のボーダレス化を大きく促進するものでもあった。そして、ソ連圏社会主義の崩壊は、これまで社会主義世界体制として囲われていた広大な地域が市場として開放されることを意味しており、これによって、グローバリゼーションが飛躍的に進んだという事実を見落としてはならない。

このような意味合いから、フランスの思想家ジャック・アタリは、「一九世紀は一七八九年［フランス革命］に、二〇世紀は一九一八年［第一次世界大戦終結］にはじまったのである。二一世紀のはじまりは、間違いなく一九八九年であった」(註4)とのべているのだ。

また、アラン・マンクは、これを、より大きな視野での変動ととらえ、近代の終わり、新しい中世のはじまりを告げるものだとしたのである(註5)。

一九八五年に起点をもつ日本経済の構造転換は、このような世界的規模での商品・資本・労働・金融の全面にわたる市場のボーダレス化、いわゆるグローバリゼーションに対応しようとする

ものであり、それに対してみずからを閉ざすのではなく、みずからを開いて、積極的に対応していこうとしたものだといえる。そして、そのやりかたの是非はともかく、この決断自体は不可避的な選択であった。今日生じているさまざまな問題を考えるうえで、このことをはっきりとふまえておく必要があるのではないかと思う。「やりかたの是非はともかく」といったが、まさしく決断は正しかったのだが、やりかたをまちがえたために、この「グローバリゼーションへの積極的対応」が今日の日本社会が直面している深刻な問題を生みだしたのだ。

日本的経営はなぜ解体されたのか

一九八五年に起点をもつ日本経済の対外全面開放・自由化、産業構造の転換は、企業社会における社会関係を大きく変える方向に働いた。

一九九二年には、ソニー会長盛田昭夫の「〈日本型経営〉が危い」（『文藝春秋』同年二月特別号）、自動車総連（全日本自動車産業労働組合総連合会）の『世界・消費者・従業員と

註4　『21世紀事典』（産業図書、一九九九年）序文
註5　Alain Minc, Le Nouveau Moyen Age, Gallimard, 1993.

共生する自動車産業へ―三重苦との訣別・高付加価値産業への構造転換―』が相次いでださ れ、労資双方のトップから「日本的経営」が迎えている危機をどうするか、という問題が提起されている。

一貫して日本的経営を礼讃してきた財界トップの盛田、労資協調路線で日本的経営を支えてきた自動車労連――日本的経営の労資代表ともいうべき彼らが、このとき提起したのは、欧米からみれば異質な日本的経営をそのまま海外にも適用して世界市場で競争を続けることには限界があり、欧米企業と整合性のあるルールの上での自由な競争に転換しなければならない、という認識だった。それにはやがて日本の企業社会全体がしたがっていくことになるのである。

日本的経営とは、終身雇用、年功序列、企業別組合を特徴とするものといわれていたが、単にそのような特徴の問題ではなくて、日本の資本主義のありかたに根ざしたものであり、日本経済の強みも弱みも、そこに根をもっていたともいえるのであった。

あとであらためて見ることにするが、**日本の近代化は、そもそものはじめから、ヨーロッパ型の市民社会と近代国家の関係をつくるのではなく、ヨーロッパで国家が果たしている機能を社会のなかに埋め込んだままにして、利益社会のなかに共同社会を組み込んだ関係をつくり**

だして、利益のために共同を組織し、共同を通じて利益を追求する社会をつくりだしてきたのである。日本的経営とは、そうした社会のありかたが企業組織にあらわれたものにすぎない。

特に高度経済成長期には、こうした企業組織のありかた、資本主義のありかた、社会のありかたは、経済発展に大きな強みを発揮し、日本を世界第二の経済大国に押し上げる力となった。しかし、このようなありかたは、欧米の企業社会のありかたとは適合しない異質なものであって、自由化・国際化が進むと、日本企業が国際化していくうえで、また日本社会が欧米経済に開かれていくうえで、大きな障害になってきたのである。

日本的経営は、そのように日本の資本主義のありかた、社会のありかたにもとづくものだったので、その解体は、同時に、企業内の社会関係だけではなく、企業をめぐる全体社会の社会関係の変革につながっていったわけである。そのあらわれとして、一九九三年には、国家官僚制の中心である大蔵省（現在の財務省）が「官民役割分担研究会報告」で、「日本型官民協調の経済運営は行き詰まった」という認識を示している。

それまでの経済運営は、「政・官・業一体の鉄の三角形」といわれる構造のもとで、外圧によって強いられる競争を、企業間の自由な競争ではなく、官の行政指導を媒介にしながら業界内部の協調を図っていく「仕切られた」競争に転化することでしのいできた。企業間の

「系列」の形成、「談合」の慣習は、その端的なあらわれだった。自由な競争ではなく仕切られた競争の結果は、最終的に消費者・利用者に対する末端価格にしわ寄せされたのである。

構造転換の方向に決着がついていない

このような構造にもとづく経済運営に対して、大蔵省の研究会は、対外的には国際摩擦を深刻化し、対内的には会社優先主義を押しつけることになっており、構造を変えていかなければならないという方向を示していた。

そこで、日本型経営の解体、官民協調構造の解体がはじまっていったのだが、それは日本の資本主義のありかた、社会のありかたそのものを変えることにつながるもので、大きな困難を生みだすことになっていった。

だから、解体は一筋には進まず、何度か大きな揺りもどしがあった。最初の大きな揺りもどしは、一九九〇年代末、小渕恵三政権（一九九八〜二〇〇〇年）のころ、橋本龍太郎内閣の構造改革に対する反動として日本型経営の再評価、復活の動きがあらわれ、次には小泉純一郎内閣の構造改革に対する反動として、二〇〇六年以降、反新自由主義・反構造改革の大きな波があらわれたのである。自民党のなかからでてきて、その旗を振ったのが「国民新党」。

民主党のなかでその中心になったのが、小沢一郎とそのグループだった。

先にのべた競争至上主義と愛国主義との二つの路線の併存、「ケインズ型公平分配路線からハイエク型傾斜分配路線へ」と「地政学的国際協調主義路線から排外主義的ナショナリズムへ」という二つの路線転換の併存がいつまでたっても決着をつけることができないのは、このような事情によるものなのである。

橋下維新についても、このような流れのなかでとらえる視点が必要だ。それは、二〇〇六年以降の「反動」(とはいえ、これは「進歩」がよくて「反動」が悪いというような価値評価を含んだ表現ではないが)に対して、日本型近代社会のありかたを変えようとする方向が、またもや強まっているあらわれだと、とらえるべきである。そして、橋下維新をどう考えるかは、いまのべた二つの路線の併存が、どうしていつまでたっても決着がつかないのか、日本社会がなぜ構造改革できず、また旧来の構造に復帰することもできないのか、に深く関わっているのである。

自民党の「終わりのはじまり」

このような日本社会の構造変化は、日本の政治をも大きく変えている。

小泉純一郎は、みずからが総裁となった自民党に対して「自民党をぶっ壊す」といったが、私が旧来の自民党の終わりを直観したのは、それよりずっと前、一九九三年のことである。

この年七月の総選挙で自民党は過半数を割り、自民党一党支配がついに崩れたのだが、私が「終わり」を直観したのは、そのことによってではない。それは、総選挙敗北を受けて開かれた両院議員総会の様子を実況中継で見たときのことだった。

このとき、派閥領袖が自派の若手議員からテレビで放映されている公開の場で、他派の面前で次々に批判されるという事態が相次ぎ、執行部提案が粉砕されてしまったのだ。もうそのときが自民党の「終わりのはじまり」だったのである。

自民党は、政治理念や政策構想がかならずしも一致しない諸勢力が、機能性より共同性を優先した派閥という組織を媒介に結び合った集団で、「保守共同戦線党」だった。それが、党全体として見たとき、個別の問題それぞれには、ひどく非合理的な選択をしながら、包括的には合理的な対応をすることができていたのは、先ほど企業の例で見たように、日本の近代社会においては、機能集団が共同性を通じて機能性を追求するかたちに組織されていたからである。政党という機能集団も、そのほうがうまくいったのが、一九八〇年代までの日本社会だったのだ。それは、自民党とならんで二大政党――とまではいかなくて一・五大政党といわれていたが——を形成していた社会党も同じだった。

ところが、一九八五年以後進行してきた日本社会の変貌のなかで、こうした組織のありかたではうまくいかなくなり、派閥システムが包括的合理性を失ってきた。その端的なあらわれが、一九九三年七月の両院議員総会だったと思うのである。

派閥システムにおいては、個別課題をめぐる対立と矛盾を、派閥ボスが政・官・業全体における根回しと裁量によって包括的に解決していたのが、派閥システムが崩れてしまうと、その裏に隠れていた政・官・業にはりめぐらされていたネットワークが前面にでてきたのだ。そうすると、保守共同戦線党としての包括性が失われた自民党は、単なるネットワークの場にすぎなくなってしまい、分解の途《みち》をたどり、社会党も共通した組織体質をもっていたがゆえに、自民党と同じ運命をたどらざるをえなかったのである。

これも、一九八五年以来あらわれてきた日本社会変貌の一つの結果である。

一九八〇年代までの政党の役割は、先ほどのべた「日本型官民協調の経済運営」「政・官・業一体の鉄の三角形」という構造のなかで、利益団体から成る「業」と公共団体から成る「官」を媒介して、利害調整を図ることにあった。それによって、統治機構は円滑に動くことができていたのである。そのような統治のありかたからするなら、日本の統治形態は、形式的には議

会制民主主義というかたちを採ってはいても、実体においては、議会の議決をえる前に、「政」すなわち政党の媒介によって、「業」と「官」すなわち利益団体と公共団体との間で調整がすんでいるという、事実上のコーポラティズム（諸団体および政府との間の交渉と協調によって経済政策を運営する制度）だったともいえるわけだ。

ところが、経済の自由化・国際化のなかで、このようなシステムは無効になっていった。

そこで、「政治改革」が唱えられ、文字どおりネットワーク（＝界）の場にすぎなくなった「政界」をほんとうの二大政党制にもっていこうという意図のもとに、一九九四年に小選挙区比例代表並立制が導入されたのである。そして、ようやく二〇〇九年に民主党が政権を奪取し、政権交代のある二大政党制にたどりついたかに見えた。だが、その実態は、一貫した包括性をもった政権党とはとてもいえないものだった。

融解する日本政党政治

民主党政権の失敗については、さまざまに論じられているので、多言を要しないと思うが、ただ民主党がそのような破綻を示さざるをえなかった背景には、のちに見るような世界的規模での「国民国家の機能不全」と民主党が理念的にもっていた「戦後民主主義の発展」という枠組との間の大きな齟齬《そご》があったのではないか、という分析が必要だと感じている。民主党は、グローバリゼーションへの対応を戦後民主主義の延長線上でやろうとして失敗した、ということがほんとうのところではないかと思う。

その民主党政権崩壊後の総選挙における既成政党の乱立と消滅の様は、ひどいものであった。民主党は、ばらばらに分解し、そこにできた「国民の生活が第一」党は、まったく異質の嘉田由紀子滋賀県知事をかついで「日本未来の党」を結成したかと思うと、惨敗ののちたちまちに「分党」。「みんなの党」や地域政党の「減税日本」との提携を図るかに見えた「日本維新の会」も、はっきりとした理由も示さないままに一転して、それらの党とは異質で、合流するためににわかに「太陽の党」に衣装替えした「たちあがれ日本」と野合的に一体化して石原慎太郎東京都知事をかつぎ、ちぐはぐな選挙戦をくりひろげたのは、ご承知のとおりである。

一つの党のなかで政策一致がはかれない事態がはなはだしいものとなり、「日本維新の会」では、石原慎太郎代表が、橋下徹代表代行と並んで記者発表した「二〇三〇年代までに原発フェードアウト」という政権公約を、翌日の党首討論では「そういう公約は直させる」と宣言、次の日に橋下が「フェードアウトは公約ではない」と認める有様。また民主党を離党し

「減税日本」の代表代行に就任したばかりの衆議院議員・小林興起は、「減税日本」が「日本維新の会」と選挙前に一緒になれないのが確実になったその日に、入ったばかりの「減税日本」を離党して「日本維新の会」に入党しようとして断られ、結局「日本未来の党」に入るという醜態……これはもはや選挙目当ての離合集散というレヴェルをすら超えている。国民・市民と国家との間を媒介する政党というメディアが、もはやその役割を果たせなくなっている、果たそうとしなくなっていることを示しているのではないか。

責任ある二大政党制どころか、二極が三極になったかと思ううちに、どんどん分解し、一時は一四党分立という状態。政党どうしの境界すら曖昧になっているのが現状だ。その曖昧さは対立する党どうしで政策ブレーンが重なっている——たとえば、脱原発の飯田哲也は日本維新の会と日本未来の党、何人かの「脱藩官僚」は日本維新の会とみんなの党で重複してブレーンになっていた——ことにも示されている。

これでは、「三極化」でもなければ、「多極化」ですらなく、「無極化」である。そして、その結果がさんざん騒いだ末に戦後最低の投票率だ。まさに日本政党政治が融解したという形容があてはまるような悲惨な状況になっている。政党をメディアとした政治、すなわち政党政治の終焉としかいいようがない。

大阪維新の会は、もともと、すでにあらわれようとしていたこのような政党政治の融解状態に対して、日本の政治を下から刷新することをめざして、全国政党とは異なる新しいタイプの地域政党として生まれてきたのではなかったのか。そうした文脈から橋下維新をとらえなおしてみる必要があるだろう。

国民国家の機能不全のなかで

このような日本社会の構造変化は、もともと一九八五年における日本経済の自由化・国際化への転換を契機としてあらわれてきたものだが、そのとき、自由化・国際化とは、欧米資本主義、特にアメリカが領導する先進国経済のありかたに合わせて、自国の経済運営のありかたを開き、みずからつくりかえていくことを意味していたのである。

ところが、そのときすでに進んでいたグローバリゼーションは、一九八九年に起こった先にのべたような出来事を契機としてさらに進展し、自由化・国際化とは、欧米資本主義に、一体化することではなく、グローバリゼーションによってボーダレス化した資本市場・労働市場・金融市場に一体化していくことを意味することになっていたのだ。

そして、それによって、単にかつての「日本型官民協調の経済運営」「政・官・業一体の鉄の三角形」がうまく働かないだけではなく、およそ「国民経済」というものが従来のようには成り立ちにくくなってしまった。さらには、そのことを通じて、「国民国家」が次第に機能不全に陥っていく。

このような国民国家の機能不全をどうするのか——橋下維新は、この問題のなかからあらわれてきたのである。

II　大阪維新と統治機構改革

1　大阪都構想の背景と問題点

大阪都構想とは何か

橋下維新のいう「グレートリセット」＝「統治機構改革」のなかで具体的な構想として進められてきたのは、大阪都構想である。橋下維新の改革の是非を検討するには、この大阪都構想をめぐる問題が中心にならないといけない。まえにものべたように、大阪の大都市制度改革こそ、橋下維新の存在理由だったのだし、大阪府民・市民の支持もまた、これに対する期待によるところが大きかったのである。そして、「維新八策」のような羅列的で道筋のはっきりしない国策ではなく、こうした地域に即した具体的な改革構想の成否こそが、橋下維新のゆくえを決めるにちがいないのだ。

それでは、その大阪都構想とはどういうものなのか。そこには、なかなか複雑な問題がからんでいる。

もともと、大阪市を中心に東京都のような特別な自治体をつくるべきだという意見は、ずっと昔からあって、一九五三年には大阪府議会で「大阪産業都建設に関する決議」が可決されており、その後、太田房江府知事時代にも提起されたことがあり、大阪にとっては懸案の問題ともいえるのだ。しかし、これまでだされてきた案は、それぞれいま問題になっている構想とは中身が異なっている。

橋下維新の大阪都構想はどんな内容なのか。

大阪維新の会は「設立の趣旨」で、大阪都構想について、こうのべている［大阪の地方自治を考える会二〇一二］。

「広域自治体が大都市圏域の成長を支え、基礎自治体がその果実を住民のために配分する」という新たな地域経営モデルを実現する。

当面の目標

1 広域自治体と基礎自治体の役割分担と責任の明確化

2 大阪府域の再編

3 新たな統治機構の構築（大阪府とグレーター大阪「大阪市と隣接周辺市」の一体化が中心）

4　都区制を超える大都市制度の実現
5　成長戦略の策定
6　議会の機能強化による決定と執行の分離

つまり、今回の大阪維新の会立案による大阪都構想は、現在政令指定都市である大阪市、堺市、周辺市を廃止してグレーター大阪に再編し、そこに特別区を設置して、旧市の行政機能・財源を「大阪都」に移譲・統合、大阪府と大阪市の二重行政を解消する、というもの。そして、広域自治体としての「都」と基礎自治体としての「区」との役割分担を、都市インフラ整備・産業政策など広域行政は都、日常の住民サーヴィスは区という具合にはっきりと分けようというのである。区長・区議会は公選制にすることになっている。

大阪都構想はなぜでてきたのか

この大阪都構想が提起されてきた背景には、大きくいって二つの問題がある。

一つは、日本の地方自治制度固有の問題。

日本の地方自治制度は、アメリカ合衆国のように、もともと町ごとのタウン・ミーティング

という自治組織からはじまって、ステイト（州）ができ、ユナイティッド・ステイツ（連邦）ができるというふうに、下からの自治政府が集合して国家ができたのとは違って、まず版籍奉還、廃藩置県によってつくられた明治国家が、上から、それまでの藩や惣村とは一致しないかたちで県や市町村を設置していくという経過をたどって創設されたものだった。

だから、自治体と名づけられ、議会も首長もいるものの、ガヴァメント（政府）としての実質は貧弱で、したがって住民にもセルフガヴァナンス(自己統治)としての自治意識は乏しい。こうした状況は、特に地方財政制度に端的にあらわれており、自治体全体の歳入合計に対する地方税の割合が三割しかない。「三割自治」というのが日本の地方自治が弱いことを著す象徴的なフレーズとして使われてきたのは、そのためだ。

これに対して、自治の拡充がずっと叫ばれてきたのである。そして、多くの自治体が財政破綻や存続の危機にみまわれるなかで、近年、地方制度改革、地方財政改革が急速に進められるようになってきた。具体的には、いわゆる「平成の大合併」と呼ばれる市町村合併、そして小泉内閣が推進した「三位一体改革」が大きな動きとしてあげられる。

大阪都構想は、そのような自治制度改革の波のなかから提起されてきたものなのだ。

もう一つの背景は、グローバリゼーションへの対応の問題。

グローバリゼーションの進展にともなって、多国籍企業にとって、また国際投資家にとって、進出や投資の対象の選択肢は、中国か日本かといった国家ではなく、珠州デルタ地帯か多摩川流域地帯かといった地域になってきているのである。もはや国家単位の国民経済が問題なのではなく、都市群単位の地域経済が問題なのだ。

このような状況のもとで、世界中の都市では、資本の進出と投資をめぐって激しい都市間競争がおこなわれている。そして、この都市間競争に勝って、工場・事業所、資本の誘致に成功するか否かが、都市が発展するか衰退するかを決めるといっても過言ではない。そして、この競争は、国家ではなく都市が主体になっておこなわれるものなので、都市が魅力を高めるための努力をみずからの手で傾注する必要がでてきているのである。

ところが、大阪は在阪企業の伸び悩み、若者の流出、企業の本社機能の移転などが続き、日本の大都市のなかでも目立って衰退が著しい。これは、東京に匹敵する大都市を、大阪市という基礎自治体が運営しているからであって、運営主体を、大阪の規模にふさわしい「大阪都」に変えなければならないというのが、橋下たちの主張なのである［橋下・堺屋二〇一一］。

大阪都構想の中身についていては、あらためて検討するとして、この構想がでてきた背景は、いずれも対応が必要とされている緊急の課題だと思われる。

自治制度の改革、大都市運営の改革は必要なのだ。しかも、できるだけ早く。

また、グローバリゼーションへの地方自治体の対応も早急に必要とされているのである。

大阪都構想の問題点

大きくいって、その基本的立場において、大阪都構想には二つの問題点があるように思われる。

第一点は、それが「上からの自治体改革」だという点。

第二点は、端的にいって「金儲け主義の自治体改革」だという点。

これらの二つは、おたがいに関連しあっている。

大阪都構想の主眼は、広域自治体としての「都」と基礎自治体としての「区」との任務分担にあるが、「都」のほうについては、いろいろな任務がいわれ、範囲も明らかにされているものの、「区」については、どういう規模にするのかも明らかでなく、ただ「住民サーヴィス、社会福祉は基礎自治体で」というだけである。

それを聞いていると、大阪都が都市インフラ整備・産業政策に専念できるように、そのほかは基礎自治体にまかせて、フリーハンドを確保しようとしていると、とらえられてもしかたがない。そして、そうした大阪都の機能を発揮するには、「下」からの基礎自治体の充実ではなく、「上」に構想される道州制のありかた如何《いかん》にかかっているというわけなのだ。

大阪府と大阪市の二重行政の解消という名のもとで、一見、大阪府が大阪市を吸収して「都」に昇格するかのような外見を呈しながら、実態は、大きな経済成長が可能な（と位置づけられている）大阪市が（隣接周辺市、具体的には泉州と合併して）大阪府を吸収してしまうということなのである。そうやって、経済成長ができない（と位置づけられている）大阪府のほかの地域での「無駄な」事業をやめて、大阪市＋泉州に投資を集中していこうというのが本旨なのだ。また、そのためにも、関西道を創設して、大阪市＋泉州はそれと結びつくことが必要になってくる、という構造にある。

そして、「上」にある大阪都に集中した都市開発機能を使い、大型のインフラ整備をやり、企業を誘致して大いに稼いで、それを「下」におよぼせば、全体が潤うという発想なのである。これは、都市経済学の森裕之によると、特定の地域に経済資源を集中してパイを大きくし、その後にほかの地域にそれらを配分するという「トリクルダウン・モデル」と呼ばれるもので、「上」からの改革、「集中的に金儲けして分ける」方式による改革モデルだということになる［森二〇一二］。

私は、橋下徹と何度か討論したことがあるが、橋下は弁護士のころから、「民事はカネの力、刑事は権力の力」という使い分けがあって、民事事件では契約自由の原則を最大限主張して、権力の介入と闘うが、刑事事件では権力の発動に無批判で、むしろそれを好んで使うというところがあった。そして、そのような法思想から、「公の権力」と「民の平等」の結合という思想を感じていた［宮崎・小林二〇一二］。

大阪都構想にも、そうした発想が貫かれているように思われる。

「上」からの改革と「カネ」優先の進め方

民のレヴェルでは、なんでもありで儲けられるようにして、それで税収と歳入を大きくする。官のレヴェルでは、国家権力がにぎっている権限をもぎとってきて、大阪都の行政権力を大きくする。そういう発想だから、広域自治体と基礎自治体を切り離して、広域自治体がフリーハンドで経済成長戦略に専念できるようにすることが主眼になってしまっているのである。

もちろん「金儲け」が悪いわけではない。また自治体が金儲けの手伝いをすることも悪いことではない。そういう道徳的なことをいっているのではない。また、権力を市民がよりコントロールできるところまで下ろしてしまうのも、悪いことではない。

しかし、手段を選ばない金儲け第一主義と、みずから権力をにぎっておこなう上からの改革――この二つが結びついたときに生まれる統治機構が、はたして民の自治すなわち自己統治にとって善いものとなりうるのかどうか、そこが問われているのである。

さて、この「上からの自治体改革」と「金儲け主義の自治体改革」――これらの二点は、おたがいに関連しており、ある意味では同一の問題が違ったかたちであらわれてきているともいえる。したがって、以下、二つの問題点を関連づけながら、一つの流れのなかで見ていくことにしたい。

その場合、まず、「地方自治」とはなんなのか、さらにいえば「自治」すなわち「自己統治」とはなんなのか、という根本問題にさかのぼって見ておくことが必要となる。というのは、大阪都構想のもとにある発想、すなわちそれが大阪という大都市制度の問題にとどまらず「統治機構改革」の問題としてとらえられていくところに、橋下維新の特徴があるからだ。それを批判的に検討するには、「地方自治」とは何か、「自治」とは何か、「自己統治」とは何か、というところから考えなければならないのは、理解していただけるだろう。

2　地方自治の根本義に照らして考える

地域主権と地方分権の違い

民主党はマニフェストに「明治維新以来続いた中央集権体制を抜本的にあらため、『地域主権国家』へと転換する」と「地域主権」を掲げた。それと相前後して、いろいろなところで「地域主権」あるいは「地方主権」ということばが使われ、これが自治体改革の一つの方向性を示すもののように、とりあつかわれてきていた。しかし、その内容が明らかには示されていないまま、ことばが一人歩きしている感があった。

橋下維新の掲げる「統治機構改革」にも、この「地域主権国家」と類似の発想が見られる。そして、橋下徹自身が、民主党鳩山政権が組織した「地域主権戦略会議」のメンバーとして、地域主権改革に関わっていた時期がある。また、橋下と対立して大阪市長の座を争った平松邦夫も「地域主権確立」を唱えていた。

このように「地域主権」ということばが飛び交っているのだが、実は、「地域主権国家」というものを字義どおりに理解すると、それは単なる地方自治の拡充ではなくて、現在の日本が採っている国民主権民主主義国家という国家形態を否定し、別の国家形態を採ることを意味しているのである。そのことをはっきりさせておかないと議論が混乱する。そうならないように、日本国憲法の規定に従って、現在採られている民主主義国家と地方自治の関係を見ておくことにしたい。

日本国憲法では主権は「国民」に存すると明記されている。主権は、さまざまな権利を超越した至高の権利であり、当然のことながら、一つの国家には一つしかない。その主権が存するのは「国民」であるということは、「市区町村民」や「都道府県民」といった「地域住民」に主権があるわけではないことを意味している。

したがって、「地域主権国家」とは、この国民主権を否定して、地域住民に主権を変更し、日本国を地域ごとの国家に分割するか、あるいは地域主権国家《ステイト》＝道州の連邦に変えるか、どちらかを意味しているのである。前者は単一主権国家の分立、後者は連邦制国家への統合ということになる。単一主権国家の場合は、主権は単一・不可分で、各地域住民に存する。アメリカのような連邦制国家の場合、対内的な人民主権は各地域（道州）住民にあり、対外的な国家主権は連邦にある、という二重の主権になるかと思う。

これに対して、現行憲法の枠内で地方自治改革を考えるなら、「地域主権」ではなく「地方分権」として考えなければならない。

民主主義国家と地方自治

では、もともと単一・不可分な主権が、市町村や都道府県の構成員としての地域住民に存するのではなく、国の構成員としての国民に存することにしたのに、なぜ地方自治、すなわち地域住民の自己統治を認めたのだろうか。

簡単にいえば、「国民国家」といっても、じっさいには国民すべてが均等なわけではなく、地方、地域ごとにかなり違うのだから、その違いをふまえた行政をしなければならない。その点からすれば、国家中枢がすべてを管理運営するのは不合理であり、非効率的なのである。

いうまでもなく民主主義は、統治形態であり、統治する者と統治される者が同一である自己統治というものだ。そのとき、自己統治とは、自分のことは自分の意思でおこなうことを基本にしているが、それなら、国民としての権利と義務の範囲内で、地方・地域のことは、その地方・地域住民の意思でおこなえるようにしたほうが、統治形態としての民主主義の原理に即しているわけである。

以上のようなじっさい上の理由、原理上の理由から、主権は国民としての存在にあることはそのままに、したがって、国民の意思の結集である「国権の最高機関としての国会」の立法に統制されながらも、地域においてできるかぎり地域住民が自己決定できるように、都道府県、市町村にそれぞれ一定の自治権（自治立法権・自治行政権・自治財政権）を認めているのである。

これが国民主権の民主主義国家と地方自治との関係ということなのだ。

地方自治体を自治政府として

このような自治権を付与された主体は、日本国憲法では「地方自治」の権利をもつ「地方公共団体」と表現されている。この「地方自治」ということばは local self-government の訳で、「地方公共団体」は local public entity の訳である。

ということは、地方自治の主体である地方公共団体つまり自治体は、government すなわち「政府」、entity すなわち一まとまりの「全体」なのである。たとえば川崎の住民は、「日本国政府」のもとにあると同時に、「神奈川県政府」「川崎市政府」のもとにあるというわけだ。

ところが、このような「県政府」「市政府」という意識は、じっさいには非常に希薄である。というのは、前にのべたように、日本では下からの自治政府が集合して国家ができたのではなく、反対に、国家が、上から県や市町村を設置していくというかたちを採っている。戦前は県知事が任命制であったことに示されるように、地方自治体は国家の上部団体である中央政府の指揮監督に服する下部団体のようにあつかわれてきた歴史的経緯があるからだ。戦後になって理念は変わっても、実態においては、やっぱり自治体は地方政府ではなく、国家機関の一部分を成す行政機関のようなものだった。

だから、地方自治のほんとうの姿を実現し、民にとって身近なところから自己統治の実を上げていくためには、地方自治体を自治政府として実効あるものにすることが先決であろう。それには、二つの方向での努力が必要とされる。一つは、国に対して自治体が、一定の限定のもとで、自立性を確保する方向での努力。そして、もう一つは、自治体がそれを構成する住民の意思の結集によって支えられていく方向での努力。

日本国憲法第九二条には「地方公共団体の組織及び運営に関する事項は、地方自治の本旨に基いて、法律でこれを定める」と規定されている。ここでいう「地方自治の本旨」とは、地方自治が国から独立した団体にゆだねられ、団体みずからの意思と責任のもとでなされるという「団体自治」、そして、地方自治が住民の意思にもとづいておこなわれるという「住民自治」という二つの要素から成り立っているとされている。

この「団体自治」の確保が、二つの努力のうち、前者の国に対して自治体が自立性を確保していく方向での努力に、「住民自治」の確立が、後者の住民の意思の結集によって自治体を支えていく方向での努力に対応しているわけである。

自治体改革においては、この両方が――団体自治と住民自治――同時に追求されることが重要である。

そのうえで、両方が同時に追求されるといっても、いったい、どちらが優先されることになるのか、という問題が生じてくる。団体自治の追求か、住民自治の追求か、どちらが優先されるのか。

補完性原理による下からの自律性の積み重ね

この優先順位の問題をめぐって、一つの原則が立てられている。それは補完性原理(subsidiarity サブシディアリティ)という原則だ。subsidiarity の語源は、ラテン語の subsidium で、英語でいえば support とか aid とかいう意味、つまり「支援」「援助」ということ。この原則は、国家と諸自治体、つまりは現在の日本でいえば、中央政府と都道府県政府と市町村政府との間の権限と責任の配分を律するための原理なのである。

そして、この補完性原理では、個人からはじまって、家族、近隣集団、村落・都市共同集団、協同組合、市町村自治体へ、さらにその上にある、より大きな自治体へ、最後は中央政府へ、さらには国家連合機関へという具合に、下から自律できるところは自律しながら、できないところは、その一つ上の団体・機関が補完していくという具合に、権限と責任を配分する考え方を採っているのである。

ここには、二つの原則が立てられていると考えられる。

一つは、「より規模が大きくて、より小さな規模の団体・機関を包摂している団体・機関は、みずからが包摂しているより小さな規模の団体・機関が自力でできることには介入してはいけない」という不介入の原則。自発的営みをできるだけ尊重するということだ。

もう一つは、「より小さな規模の下位の団体・機関が自力でできないことについては、より規模が大きい上位の団体・機関は援助しなければならない」という支援・援助の原則。**このとき、支援・援助の組み立て方は、「自助」→「互助」→「共助」→「公助」という順番になる。**

ここでいう**「自助」とは個人や個々の法人が自分で自分を守ること、「互助」とは生活単位・**

生産単位において仲間どうしで助け合うこと、「共助」とは同じ地域社会に属する住民、異なる地域社会に属する住民がたがいに助け合うこと、「公助」とは国、地方自治体などを通じた行政の施策による援助を指している。

不介入の原則と支援・援助の原則という、この二つの原則を守ろうとすれば、いちばん基礎的な単位から自律を確保して、それを積み重ねていくことが必要になるわけだ。

補完性原理の起源をたどると、カトリック教会の社会教説、具体的には一八九一年の教皇レオ一三世の回勅《かいちょく》にもとづくものといわれているが、それだけではなく、プロテスタンティズムのカルヴィニズムを奉じる一七世紀オランダの思想家ヨハネス・アルトゥジウスが唱えた、分権自治連合の思想にもとづくものともいわれている。また、アレクセイ・ド・トクヴィルの『アメリカのデモクラシー』を読むと、「補完性原理」と呼んではいないが、一九世紀初頭アメリカ合衆国の政治・経済制度は、まさしくそれを原理に組み立てられていたように思えるのである。

この補完性原理は、これからの社会のありかたを考えるうえで非常に重要な考え方なのだが、残念ながら、いまここではこれ以上深入りすることはできない。ただ、この原則は、橋下がいう「統治機構改革」において、準拠すべき原則になるべきであることだけはまちがいない。

じっさいに、EU（ヨーロッパ連合）を組織するに当たっては、各国・各地域のさまざまなレヴェルの自治体、それぞれの国民国家、その上の国家連合としてのヨーロッパ連合における権限と責任の配分を再構築するうえで、この補完性原理が原則とされているのである。

事実、橋下維新の統治機構改革も、この「補完性原理」をもとにするかのような姿勢を示している。日本維新の会の「維新八策」には「自助、共助、公助の役割分担を明確化」と書かれている。もともと、石原慎太郎都知事も、就任当初の一九九九年には「危機突破戦略プラン」として「自助・共助・公助が適切に組み合わされた福祉システム」を掲げていた。

ところが、橋下維新の大阪都構想の進め方は、いま見たような補完性原理の原則に沿うようなかたちをとっていない。補完性原理に反して「上」から、それも「カネ」の問題優先で改革・再編を進めようとしているのだ。一体どうしてこういうことになるのか。

補完性原理の誤用・悪用

もともと、日本で自治に関連して補完性原理がとりあげられたのは、一九九四年七月に経済同友会が発表した提言『新しい平和国家をめざして』のなかにおいてであった。

この提言は、「必要最小限の自衛力の保持と国際的平和維持・救援活動への貢献」のための安全保障基本法制定か憲法改正を提言したことで知られているが、それと同時に、「個人と社会の新しい関係」を、次のようなかたちの「社会の構造改革」によってつくりだすことを提言している点で注目される。

国内の仕組みの再構築を考えるに当たっては、個人で解決できることは個人で、地域で解決できることは地域コミュニティ、さらには、市町村、都道府県、そして、国へと問題解決の範囲を徐々に移行させていくという考え方を導入すべきである。

これは、個の確立と公正の尊重にもとづくいわゆる「サブシディアリティの原則」である。例えば、国と地方のありかたについても、このような考え方にたって、地方自治の原則を再確認し、国全体の仕組みが再検討されるべきである。

この提言は、憲法九条改正の提起とセットで、福祉切り捨てのために自助をもちだしたものとして批判されることが多いのだが、補完性原理の適用としては、正しい指摘を含んでいるというべきだろう。特に、のちの石原都政や橋下府政で欠落していた「地域コミュニティ」

の重視が、補完性の第一段階として提起されていることは注目すべきである。

この提言でいわれている「地域コミュニティ」とは、町内会、自治会、地域的な団体・サークル、社会福祉協議会、さらには生協などの地域協同組合を指しているとされる。ここでおこなわれる助け合いは、共に生活する者どうしの自発的で相互的な扶助であって、「相互扶助」略して「互助」といわれているもの。**補完性原理における支援・援助の組み立て方は、この段階を組み込んで考えられるべきで、したがって「自助」→「互助」→「共助」→「公助」という順番になるのである。**

上から発想すると「自己責任」になる

ところが、先に見た石原都政や橋下府政の「自助」「共助」「公助」論では、こうした地域コミュニティにおける「互助」が抜け落ちているのだ。なぜそうなるのかというと、「下」から、すなわち基礎自治体における住民自治から出発しないで、「上」から、つまり広域自治体における団体自治から出発しているからにほかならない。

いま、生産の場、仕事の場としての職場の問題はさておいて、いちばん下の生活の場から出発すれば、個人個人が自助をおこなうには、家族や隣近所、町内といった近隣社会での相互扶助が必要なことはすぐわかる。それでも自助ができない場合に、血縁、地縁に関係ないところからの「共助」が求められるのである。ところが、石原都政も、橋下府政も、国家・中央政府に対して、東京都や大阪府という広域自治体が、地方公共団体としての自立をどう確保するかという、いちばん上のところから考えて、それを下におよぼしていくという発想になってしまっているから、「共助」も「互助」も同じことになってしまうのだ。

だから、彼らは、経済同友会の提言に含まれていた「互助」を排除してしまい、「自助」→「共助」→「公助」という三段階にしてしまうのである。そして、「自助」を「互助」とセットされた協同のなかで実現されるものではなく、「自分のことは自分でやれ」というだけのばらばらに分散された個人個人の「自己責任」に帰してしまうことになる。

そうなると、補完性原理は、「不介入」の原則、しかも「勝手にやってください、知りません」という意味での不介入を正当化するものとしてのみ機能することになり、もともとそのためのものでもあった「支援・援助」の原則、つまり「できないところをどう助けるか」という側面が無視されてしまうのである。

このようにして、日本では補完性原理が誤用され、悪用されていった歴史がある。

そうなると、さっき見たように、もともと「支援・援助の原則」でもあったものが、単なる「不介入の原則」にされ、公的責任を解除する口実にされてしまうのだ。かくして、基本的に正しい補完性原理を掲げた経済同友会は、その三年後の一九九七年には、その延長線上で、「国・地方を含めた一般政府及び公的企業を合わせた公的部門全体の活動範囲を、民間主導、市場原理、自己責任、自立自助を基本として大幅に縮小するとともに、公的部門の活動にも市場原理を導入し、『小さな政府』『効率的な政府』を実現することが急務である」とする「市場主義宣言」を発することになったのである。

大阪都構想も、残念ながら、いまはそういう方向に向かっているように思われる。

「日本国家の分割民営化」ではダメだ

上山信一をはじめとする橋下ブレーンの描く構想を見るかぎり、橋下維新の統治機構改革は、いま全国で問題になっている分権自治改革の上で、「自治」よりも「分権」ばかりを追求したものになっている。

そして、そのときにいわれる「自治」とは、「自己統治」ではなくて「民の自由にまかせる」ということでしかなく、その中身は端的にいって「民営化」なのである。それ以外の公共サービスについては、ただ基礎自治体にまかせるというだけで、はっきりした展望を描こうとしていない。

それに対して、早くから地方制度改革を唱えてきた元大蔵財務官の榊原英資は、橋下維新と同じように「都道府県の廃止」を主張しているが、上からの分権ではなく下からの自治として、広域自治体の拡充ではなく基礎自治体の拡充をめざしている点で、橋下維新と対称的である。道州制ではなく、明治維新政府がおこなった「廃藩置県」のちょうど反対の「廃県置藩」をやれというのだ。

一八七一年におこなわれた廃藩置県は、幕藩体制の解体を最終的に完成して、中央集権的権力を確立したものであったが、その当時三〇〇近くあった藩は、自立した経済圏をもち、自治をおこなっていた。いま、それと同程度の規模の基礎自治体を置いて連合させ、中央が割り当ててつくった都道府県を廃してしまったほうがいい、と榊原は主張し、そして、中央政府と基礎自治体の二層構造にする、という。「地方で定住圏とか、広域市町村圏の類が三つ四つ集まったイメージですね。今でも消防活動やゴミ処理などは、それら市町村が一緒になってやっています。地方行政全体をそういうかたちにしていく」と榊原はいう。

このような視点から榊原は、橋下維新の主張を「日本分割」「日本分裂」の「危険なアジテーション」だと批判している［榊原二〇一二］。

「廃県置藩」構想そのものの是非については、ここではおくとしても、考え方の方向についていては、私も賛成できるし、そのような方向から見たときの橋下維新に対する批判は当たっているところがあるように思う。

このように見てくると、大阪都構想・道州制構想は、そのもとにある「中央集権から分権自治へ」という発想には、もっともなところがあるのだが、じっさいにやろうとしている中身は、ちょうど一九八〇年代におこなわれた国鉄や電電公社の分割民営化と同じことを、今度は公社ではなく国家を対象におこなう「日本国家の分割民営化」に等しいものになっているのではないか、と危惧を抱くのである。その意味では、橋下維新は、結局のところ、分権自治社会ではなく地域主権国家をめざしている、といえる。

もし橋下維新の大阪都構想が、じっさいにこうした方向に進むのであるならば、これに反対して、大阪府民・市民の要求と意見を結集して、ほんとうに必要とされる改革案を対置しなければならないだろう。

市民の自由都市大阪へ

ほんとうに必要とされる大都市制度改革とは、中央政府や東京都・大阪都のような広域自治体政府が、上から権力によっておこなう都市経営ではなく、地域住民自身が基礎自治体に結集して下からみずからの手でつくりだしていく都市の自己統治でなければならない。

一九二五年一二月、当時の大阪府知事・中川望は、「人に人格があるように、都市も都市格をもたなければならない」とのべ、それを受けて、元大阪毎日新聞会長の岡實は、「都市格は自由な市民の人格の上にこそつくることができる」といっている。

「日本には天子のいる権力のみやこはあるが、市民の都市がない」「〔ヨーロッパには中世以来の自由都市の伝統があるが〕日本の都市は市民が作ったものでなく、中央の権力者が法律にあてはめて作ったものであるから、これから市民が自ら都市を作らねばならぬ」というわけだ〔宮本憲一二〇一二〕。

大阪都は、これら先人がいったような市民の自由都市をこそ、めざす必要があるのではないか。

3 「小さな政府」と「大きな社会」

グローバリゼーションへの対応

グローバリゼーションが目をみはるような速度で、しかもあらゆる領域で、進んでいる。経済の領域では、商品市場のみならず、資本市場、労働市場、金融市場のボーダレス化がすすみ、国民経済という単位がこれまでのようなかたちでは成り立たない状況になってきている。これについては、さまざまなかたちで論議されているので、あらためていう必要もないだろう。

政治の領域でも、世界中で相互依存の網の目がますます濃密になっていくなかで、一国政治が相対的にも国内で完結しなくなってきている。もはや主権が対外的に保てない、内政干渉を排除できない状況すら生まれているのである。日本国、フランス共和国、ドイツ連邦共和国といった国民国家の枠そのものが、ゆるんでいかざるをえなくなってきている。

これは、たとえば警察活動と戦争行為の境界が曖昧になることに端的にあらわれている。二〇一三年一月にアルジェリアの天然ガス精製プラントで起こった人質事件は、ゲリラによる人質事件だが、同時に、軍隊によって守られたプラント内の各国技術者を攻撃した軍事行動であり、むしろ戦争行為といっていいものであった。これは、これまでのような国家主権、主権国家どうしの関係という枠組では対処できない事件といえる。今後、こうした問題が多発してくるのは避けられない現実がある。

社会の領域でも、とりわけ情報のボーダレス化が驚異的に進んできている。携帯電話が主に自動車電話としてしか使われていなかった一九八〇年代末、パソコン通信を経由して高額の通信料を払ってインターネットを利用していた九〇年代前半、インターネットが一般に普及しはじめたものの、電話回線を通じた高くて不便なものだった九〇年代後半以後、そのころには実現するとは思ってもいなかった情報通信における時間・距離従量制から非従量制への転換が、二〇〇〇年代に入ってから、あっというまに全世界に広がった。利用料金が距離にも時間にも位置にも依存しなくなってきたのだ。これは、まさにメディアの特性が必然的にもたらした革命的な転換であった。

こうして、マスメディアからマルチメディアへ、オン・スケジュールからオン・ディマンドへ、サプライサイド・イニシアティヴからユーザーサイド・イニシアティヴへ——総じて、情報通信において「欲しいものを、欲しいときに、自分の意思でえられる」環境が急速に整備されつつある。そして、そうした環境は情報だけではなく、物質的・精神的な広い意味での交通に波及していっている。それによって社会構造・経済構造・政治構造が大きく変わりつつある［月尾一九九七］。

二四時間休みなしの市場の活動、そして技術革新の駆動力に駆られて、グローバルなネットワークを張りめぐらせて活動する組織の数は激増した。経済活動組織だけではない。労働や医療、環境や文化など、さまざまな社会活動自体がボーダレス化し、ボーダレスな組織が増えてきている。たとえば、今世紀のはじめには、政府系国際組織は二〇、非政府系国際組織が一八〇であった。ところが、今日、前者は三〇〇以上、後者は五〇〇〇近くにまで増加している。

グローバルなガヴァナンス、グローバルな市民社会は、すでに現実のものとなっているといっていい。少なくとも、国内の統治をグローバルな状況と切り離して独立した内政問題として考えることができないだけではなく、むしろグローバルなガヴァナンスの一環として考えることからはじめなくてはならない状況になっているのである。

グローバリゼーションへの対応は国家レヴェルにまかせておけない

こうした政治・経済・社会それぞれにおける大きな変化が、たがいにからみあって、近代的な国家と社会の関係、すなわちフランス共和国とフランス社会、ドイツ連邦共和国とドイツ社会というふうに、「それぞれの国民国家と市民社会とが一対一で対応している」関係、国民国家が市民社会を統合し、市民社会が国民国家の基盤になる関係が解体されつつある。

経済の結びつきが国家を超え、社会の結びつきが国家を超えるようになると、国民国家は市民社会を、これまでのようなかたちでは統合することができなくなる。これにともなって、市民社会が国民国家の統制から離れようとし、「国民国家優位の国民経済」から「市民社会優位の世界経済」へという経済における重心の転換が起こってくるのである。このようにして、国民国家と市民社会の関係が大きく変わり、いまや関係が逆転しようとしている時代なのだ。つまり、「近代のはじめに〝結婚した〟資本と国家が、別居状態にあって離婚の危機に瀕している」のであり、それはまさに、国民経済から世界経済へという経済の重心の転換がもたらしたものだといえるのである。

企業など経済活動の主体に対して、国家が経済をこれまでのようなかたちで規制すると、ボーダレスに活動している企業の国際競争力を失わせ、ひいては自国経済が国際競争において不利になる。そのため、どこの国家でも、規制を緩め、むしろ国家が競争力強化の役割を果たすことを求められるようになってきている。

これは、かつてのように「大企業優先の政治をあらためろ」だとか、「企業利益を社会に還元しろ」だとかいうふうに国内的問題として処理しようとしても、簡単にはできない問題になっているのである。

日本においてTPP（Trans-Pacific Partnership　環太平洋戦略的経済連携協定）の問題が、従来のように、単なる日本の市場開放としても、単なる国内産業保護としても論じることができないのはそのためなのだ。東アジアの経済圏、環太平洋の経済圏が、どのように形成されるべきなのか、日本の経済のありかた、農林水産業を含む日本の産業のありかた自体を、そこから考えなければならなくなっているのである。

また、グローバリゼーションの結果として起こっている所得格差の拡大が大きな問題になっているが、これも国内問題としてとらえては解決できない問題なのだ。二〇一〇年から二〇一一年にかけて、アメリカでは「オキュパイ・ウォールストリート」（Occupy Wall Street「ウォール街を占拠せよ」）という運動が起こり、富を独占している一％の人たちに対する九九％の叛乱だといわれた。そして、日本を含む先進各国で、これを模倣した運動が起こったわけだが、これは、道理のある運動だった。しかし、何の解決策も提起できない運動だったことも事実である。なぜ解決策が提起できなかったのだろうか。

国内の所得格差拡大をどう考えるか

国内の所得格差の拡大をどう考えるべきなのか。確かに一％の人たちと九九％の人たちとの所得格差は、拡大している。しかし、一％の人たちの所得がものすごく増えて、九九％の人たちの所得が減ったという事実は、「格差の拡大」ということなのかどうか、冷静に考える必要がある。そうではなくて、「全体の没落」ということなのではないのか。そして、その全体の没落と極少数の極端な上昇は、同じ原因、つまり経済のボーダレス化から起こっているのではないか。

ここには今日の金融資本の問題、グローバリゼーションにともなった新しい金融オペレーションの問題がある。だから、ウォールストリートが標的になるのだが、しかし、同時に、もっと根本のところには、資本と労働のボーダレス化による、先進国産業の構造的分断と空洞化の問題がある。

日本の産業は、エコノミストの水野和夫がいうように、「グローバル経済圏産業群」（グローバルなオペレーションを展開できる業種・規模にあるため海外の高度成長経済圏で活動している産業）と「ドメスティック経済圏産業群」（それができない業種・規模であるため基本的に国内市場を相手にするしかない産業）の二つに分断され、前者がいくら収益を上げて成長しても、後者との産業連関が切れているので、後者の収益や成長にはつながらないという構造ができてしまっているのである。日本でこの分断構造が定着したのは一九九五年のことで、そのために、グローバル経済圏産業群に属する企業群とドメスティック経済圏産業群に属する企業群の一人当たりGNP伸び率は、前者が成長を続けているのに、後者は減少を続け、二〇〇四年以降はマイナス成長になってしまっている［水野二〇〇六］。

この結果、景気がよくなっても、それはグローバル経済圏産業群によってもたらされたものだから、それとは分断されたドメスティック経済圏産業群には波及せず、そこに属する全体の約六割の雇用者は構造的に所得が増えないことになってしまっているのである。そのうえ、グローバル経済圏産業群は、主なオペレーションの舞台である海外の高度成長経済圏におけるほかのマルチナショナル・エンタプライズとの激しい競争に勝つために、工場を現地にシフトさせ、資本投下も現地でおこなっている。最近では研究開発部門まで現地に移す傾向が強まっている。これによって、国内産業はますます空洞化していき、ドメスティック経済圏産業群はさらに衰退していったのである。こうして、グローバル経済圏産業群の業績アップによって景気の拡大、経済の成長が起こっても、それが所得の増大には結びつかない構造になってしまった。

このように、**かつては世界全体の「豊かな国」と「貧しい国」との間に構造的に存在した格差（水平的格差）が、グローバリゼーションの結果として、「豊かな国」の国内に移され、国内において「豊かになりうる人たち」（少数）と「貧しいままの人たち」（多数）との間の構造的格差（垂直的格差）に転化したのだと見なければならない。**

このことは、かつて「豊かな国」の民衆が、自国資本の「貧しい国」の民衆を搾取してえたものを分配されることによって豊かでありえたのが、そうはいかなくなったということ。また、グローバリゼーションによって、世界全体として見たときの民衆の生活水準の格差は、結果として縮小したということを意味しているのである。**国内格差の拡大は、国際格差の縮小の結果でもある。**そして、そのことを通じて、日本を含む先進国では、もはや「景気拡大すれば国民全体が豊かになる」「経済成長すれば国民全体が豊かになる」ことはなくなったことに気づかねばならない。だから、いまや、景気を拡大しよう、経済成長をとりもどそうという国民経済レヴェルでの経済政策では、格差の問題を解決することはできないのだ［大窪二〇〇八］。

格差の問題を、国内問題として解決することは、もはやできない。格差の問題を解決するには、もともと「豊かな国」と「貧しい国」との格差を生みだしていた世界システムを、どういうシステムに転換すべきなのか、というグローバルな問題に、国内からどうアプローチしていくのか、として問題設定がされなければならない。すなわち、グローバリゼーションへの対応を、グローバルな問題として――かつての「貧しい国」の民衆の問題を自分たちが直面しているのと同じ問題として――とらえて、生活レヴェルからおこなっていくことが必要なのだ。

「大きな社会」へ――福祉国家から福祉社会へ

グローバリゼーションへの社会の対応というと、企業の競争力強化、金融オペレーションの高度化といったグローバルな経済活動のことばかりが採り上げられている。しかし、私がいっている社会の対応とは、そういうことではない。そんな対応は、国家官僚による対応と基本的に変わらない性格のもので、企業官僚の専門家処理の対応にすぎない。

サッチャリズムをはじめとする新自由主義がやってきた「小さな政府」と「自由な社会」によるグローバリゼーションへの対応は、国家官僚と企業官僚が組んでおこなう、専門家処理の対応だった。それは、結局のところ、国家の領域では福祉国家理念の解体となった。そして市民社会の領域では解体された福祉をカヴァーするのではなく、単に民営化による競争にまかせるというだけのものでしかなかったのである。

われわれがグローバリゼーションへの社会の対応として考えるべきなのは、福祉国家の機能を社会にとりもどすこと、福祉国家から福祉社会へ、政府が「小さく」なった分に見合って社会を「大きく」することによって自発的な自己決定を拡大することなのだ。それは、大衆民主主義社会に君臨していた専門家支配（professional dominance）、すなわち専門家が素人に対して生活や生存の上で何が必要なのかを決定し運営する力能と権限をあたえられているようなシステムから脱することなのだ。

橋下維新も、結局、この専門家支配に依拠している。方向性は橋下が定めているようだが、それを実現するためにどうすべきかに関わる政策は、もっぱら脱藩官僚と元経営コンサルタントが定めているのである。これも実態はコンサルタント支配という専門家支配にほかならない。国家官僚制には抗ってはいても、内実は民間官僚制なのだ。

それに対して、われわれがめざすべき「大きな社会」の自発的な自己決定は、大衆民主主義と福祉国家政策によって、身近な社会から切り離されていた経済運営を社会に埋め直すことを意味している。そして、それは「経済」のありかたを変えることにつながるのである。

「小さな政府」と「大きな市場」ではだめだ

新自由主義は、国家がもたらす福祉（welfare）に代えて、社会がもたらす福利（welfare）を提起した。そして、その福利は、市場を通じた自由競争によってもたらされるとしたのだ。つまり、「大きな政府」に代えて「大きな社会」を提起するのではなく、「大きな市場」を提起したのである。その結果はどうだったのか。

確かに、経済活動は活発になり、生産は増大した。一九七〇年代後半から八〇年代に深刻な「先進国病」に陥っていたイギリス、衰退の様相を深めていたアメリカの経済は、これで甦ったことはたしかだ。しかし、それは社会全体に幸福（welfare）をもたらしたかというと、かならずしもそうではない。社会に格差の増大と分裂をもたらしたのだ。

新自由主義は、社会において、市場のインセンティヴ、そこにおける利益追求のインセンティヴ以外のなんのインセンティヴも提供しようとしなかったし、提供できなかったのだ。そして、市場は社会を分解することはできても、融合することはできなかった。新自由主義が尊ぶ市場原理では、人々の結合体としての社会をつくることはできないのである。そのために、イギリス社会は、「英国病」に苦しんでいた一九八〇年代にくらべれば、経済的には回復したが、社会的にはさまざまな問題を抱え苦しんでいるのである。

たとえば、二〇一一年八月に起こった若者の暴動は、「英国的価値観の崩壊」をわれわれに印象づけた。ロンドン北部トッテナムで黒人男性が警察官に射殺されたことをきっかけに発生したこの暴動は、トッテナムや首都ロンドンのみならずバーミンガム、マンチェスター、リヴァプール、ノッティンガム、ブリストルなど各地の都市へ一気に拡大した。暴動の中心になっていたのは低所得層で無職の「チャヴ」と呼ばれる若者たちだったが、それだけでなくロンドン五輪のボランティアやバレリーナ、教師や大富豪の令嬢など、一〇代から四〇代までさまざまな階層の人々が含まれていた。当時、ロンドン在住の日本人ジャーナリストは、暴動の原因を次のように報道していた。

《暴動に加わった若者の社会的背景は多様で、黒人も白人もいて、特定の宗教や民族との関連も薄い。所得の低さや失業問題などが、若者の不満を増大させた側面は否めないが、一〇歳程度の少年までが大規模な犯罪行為に加担した理由としては不充分だ。大量の模倣犯が出現した背景も、ソーシャル・ネットワークの普及だけでは説得力に欠ける。どうやら、暴動の原因を経済や教育、移民といった紋切り型の問題だけに帰することはできないようだ。暴徒は、警官やカメラの前で、躊躇することなく店舗を破壊し、略奪し、火を放った。その姿は、文化の根幹を成す英国的価値観の崩壊という、より深刻な問題が無視できない規模で起こりつつある現実を突き付けている。(註6)》

じっさいに、イギリスの若者（二四歳以下）の失業率は二一・五％で、スペインの四三％、イタリアの二七％にくらべれば低いし、フランスも二三％だ。イギリス特有の問題としては、成人になれば親から独立するのが英国的価値観だったのに、雇用不安、低賃金からそれができなくなっている問題が大きいと指摘する学者もいる。(註7)また、イギリスでは、移民などに対して異文化同化政策をとるフランスやスペインと違って、ドイツと同じように多文化共存政策をとってきたが、それが近年では、移民にとっても、本国人にとってもうまくいかなくなってきていることも、英国的価値観動揺の面で大きいのである。

このように見ると、サッチャリズム以降の新自由主義改革がイギリス社会にもたらした変

註6　『日経ビジネスオンライン』「大竹剛のロンドン万華鏡」二〇一一年八月一九日付　大意要約

註7　大竹文雄「イギリスの暴動の原因は若者の高失業率だけではない」、『中央公論』二〇一一年一〇月号

化、とりわけ若者をめぐる英国的価値観の深刻な動揺もしくは崩壊の結果が、こうした暴動をもたらしたのだともいえるのである。

今日の新自由主義の源流となった政策をマーガレット・サッチャーが一九八〇年代に打ちだしたとき、彼女が掲げたのは、大英帝国全盛期ヴィクトリア朝の市民社会を支えていた市民意識、すなわちまさしく「英国的価値観」の再興だったのだ。

ところが、それから三〇年を経たいま、こうしたサッチャリズムを継承した新自由主義政策によって、イギリス社会は、その当の「英国的価値観」の崩壊を目にすることになったのは皮肉というほかない。新自由主義を推進した保守党のなかからも「大きな社会」をつくろうという動きがでてきたのは、こうした社会状況に対する反省にもとづくものだったのである。

そこで、市場における利益追求のインセンティヴではだめだから、別のフレームのインセンティヴをという発想がでてくるわけだ。それは、市場のインセンティヴ、利益追求のインセンティヴを否定するものではなく、ただ、それを万能として、すべてはそれを通して自由な契約でおこなうのではだめだ、ということ。そうではなくて、非市場的な、非営利的な、さまざまに多様なインセンティヴが自由に追求されうる社会をつくろうということなのだ。それは、「国の力《ステイト・パワー》」ではなく「民の力《ピープル・パワー》」を解放することで実現できるのであり、それが「大きな社会《ビッグ・ソサエティ》」ということなのだ。

「新しい公共」の試み

この「大きな社会」に類する試みは、実は日本においても追求されていた。たとえば、近いところでは、二〇〇九年に政権をとった民主党の鳩山由紀夫内閣が打ちだした「新しい公共」という政策体系がそれに当たる。鳩山政権は、「新しい公共」円卓会議を組織して、政策立案を進めた。また、それに呼応して、民間で各分野からNGO、NPO、生協、労働組合、社会的企業などが集まって「新しい公共をつくる市民キャビネット」が組織されてきた。

この「新しい公共」の理念は、公共サーヴィスを公共機関による提供に頼るのではなく市民どうしがサーヴィスを提供し合う社会をつくろうとするところに主眼がある。

これまで公共サーヴィスは、税金を財源にして行政が管理して提供するもので、納税者である市民は供給されるだけの立場だった。「新しい公共」がカヴァーするサーヴィスでは、市民がサーヴィスの受益者であるとともに提供者にもなり、行政は管理者ではなく、市民に権限を移譲し、場を提供して、コーディネートする役割を果たすことになる。そして、「新しい公共」がカヴァーするサーヴィスは、金銭による交換価値中心のマネタリー・エコノミーよりも、非金銭的交換や互酬による使用価値中心のボランタリー・エコノミーが支配する活動にとってかわる。そこにおいては、報酬や利益を獲得するレイバー（労働）のやりがいではなくて、同じ立場の市民にサーヴィスを提供するワーク（仕事）から生ずる喜びや達成感へのインセンティヴの転換、有価証券のようなマネタリー・キャピタルではなくてソーシャル・キャピタルの集積によって形成される市場といったものが展望されているのである。「新しい公共」円卓会議が発表した「新しい公共」宣言は、「新しい公共」と日本の将来ビジョンについて、次のようにのべている。

成熟期に入った日本社会では、これまでのように、政府がカネとモノをどんどんつぎ込むことで社会問題を解決することはできないし、われわれも、そのような道を選ばない。これから、「新しい公共」によって「支え合いと活気のある」社会が出現すれば、ソーシャル・キャピタルの高い、つまり、相互信頼が高く社会コストが低い、住民の幸せ度が高いコミュニティが形成されるであろう。さらに、つながりの中で新しい発想による社会のイノベーションが起こり、「新しい成長」が可能となるであろう。(註8)

結・講・座――日本社会の水平的扶助組織のありかた

そして、宣言もふれているが、このような住民組織・市民組織は、結《ゆい》・講《こう》・座《ざ》といった水平的な相互扶助組織、寺子屋というボランタリーな教育機関などとして、日本社会に伝統的に存在したのである。そして今日でも、さまざまな新たな場が次々に生まれている。

一九九五年一月一七日に発生した阪神淡路大震災は六千人以上の命が奪われた国民的な悲劇である。しかし、一筋の光明は、行政も被災し、企業や商店の活動が止まった地震直後の被災地で人々の生活を支えたのが、被災者たち自身が自発的に作った即席の共同体、NGO・NPO、全国から集ったボランティアが作った「協働の場」だったことだ。百万人以上の人たちが、自分がいることで人の役に立てた、そのことが自分の歓びになることを実感した。人は支え合ってしか生きられない。それが「新しい公共」のひとつの原点だ。

註8　文部科学省「円卓会議宣言」二〇一〇年

明治五年の学制発布の三年前、京都の町衆は「番組」という自治組織ごとに、各家庭が竈（かまど）の数相応の金額をだしあう「竈金（かまどきん）」などによって、64の「番組小学校」を設立した。番組小学校の構内には、町組の会所、学校火消しや見廻組の部屋があった。その伝統を持つ龍池校の旧校舎や跡地が地元自治会連合会等、関係者の努力により、二〇〇六年秋に京都国際マンガミュージアムとなった。地元自治会で長年こつこつと積み立ててきた資金も生かされている。自分たちの町は自分たちで創る。その心意気でみなが応分の貢献をすることで、支え合いと活気のあるコミュニティができる。

徳島県上勝町の高齢者によるコミュニティ・ビジネス「いろどり」。住民たちが付近の山で葉っぱを採取し、飲食店の料理の〝つまもの〟として売りにだし、年商二億六千万円をあげている。町内の農家の約半数が事業主として参加している。町の高齢化率は五〇％であるが寝たきりの高齢者が極端に少ない。一人当たり老人医療費は徳島県内二四市町村中最低である。みなが居場所と出番を得た。結果として、コストが低く、活気があり、満足度が高い地域コミュニティが実現した。

この方式で公共サーヴィスのすべてがカヴァーできるわけではない。公共機関がおこなわ

図7　新しい公共をつくる市民キャビネット　全体概念図
（NPO／NGO、生協、労働組合、社会的企業等が参加・活動推進する部会・会議のネットワーク連合）

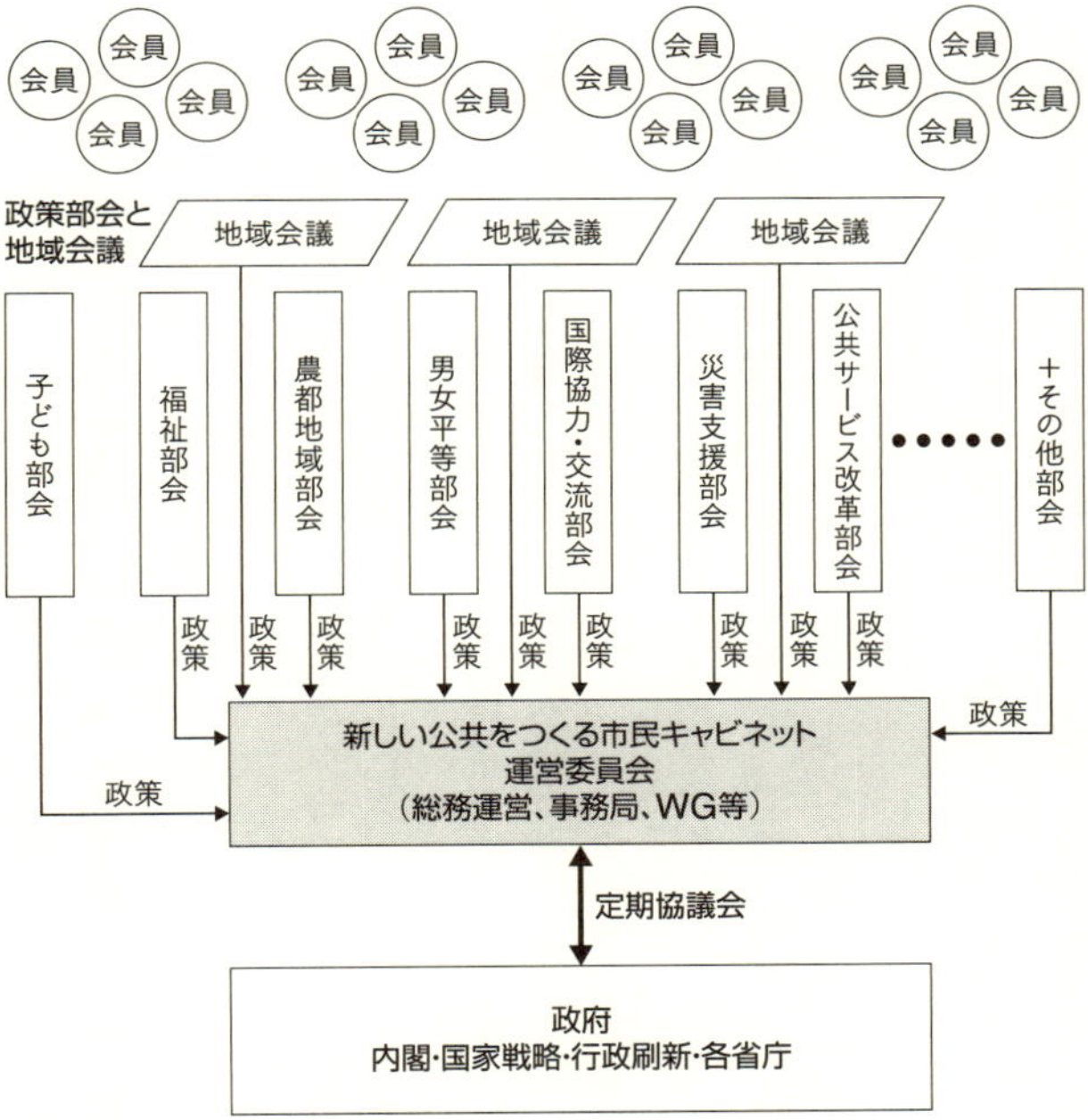

新しい公共をつくる市民キャビネット

【事業の概要】

1．分野別および総合的に政策提言を策定し、政府・政権等と交渉・協議し市民政策を実現。

2．新しい公共政策の受け皿として、新しい公共サービスを担い、これを実施。

3．市民的立場から広く施策・行政・関連法人等を点検・評価。

【運営】

1）有志の寄付によって運営。

2）政府や自治体からの受託事業、助成金は一切受け取らない。

＊註　「新しい公共をつくる市民キャビネット」HPより（http://shimin-cabinet.net/）

なければならないサーヴィスはたくさんあるし、企業が参入したほうがいいサーヴィスもありうるだろう。しかし、この「新しい公共」のような相互的サーヴィスをおたがいに、になっていこうとする市民意識・住民意識、それを運営する市民組織・住民組織なくして、「自己責任」や「自助」がありうるだろうか。

住民、特に低所得の住民の多くは、行政に依存的で、受益のみを求めて、負担をしようとしない、だから、過保護の福祉を排して、自助をおこなわせていかなければならない、といわれる。しかし、日本の近代国家は、一貫して中央政府とその出先機関が公共サーヴィスの財源も権限も集中的ににぎり、「恩恵的」な保護を施すことによって、住民を半ば隷属させてきたのである。これを断ち切るには、単に「民営化」「権限移譲」ではなく、政府の管理から解き放たれた福祉を住民自身が自分たちで自治的に、になっていく意識と体制が必要なのだ。つまり、福祉の恩恵を受ける客体としてではなく、福祉の主体としての自治なのである。

橋下維新の「上」からの改革をのりこえて

橋下維新のめざす社会改革は、このような意味での「大きな社会」あるいは「新しい公共」をつくっていけるものなのだろうか。いままで見てきたかぎりでは、どうも、そういう方向を向いていないようだ。橋下市長自身にもそうした観点は希薄のようだし、橋下ブレーンの多くは「大きな市場」をひたすら追求しているように思われる。これではむしろ、反対の方向を向いているのではないか。もし、そうであるならば、別の方向を選択しなければならないだろう。

ボランタリー・エコノミーやソーシャル・キャピタルを生みだしていくことができる住民の意識と体制によってこそ、前にのべた「補完性原理」、つまり「下から自律できるところは自律しながら、できないところは、その一つ上の団体・機関が補完していく」という原理も実現されていくのである。橋下維新が追求して、一定の成果を上げてきた中央官僚支配を打破して、地方分権を進める途《みち》も、このような下からの社会改革を進めることによってこそ完遂されていくものなのだ。橋下維新の上からの統治改革を下からの社会改革によってのりこえていかなければならない。

大阪市においても、大阪市コミュニティ協会を中心に、「公共サーヴィスか、民間の市場原理か」という二極対立をのりこえた協働型の事業が推進されはじめている。行政が仕組みをつくって、民間がになう、新しい「公民協働」（Public Private Partnership 略称ＰＰＰ）を標《ひょう》榜《ぼう》しているこうしたとりくみは、「大きな社会」「新しい公共」の大阪版として注目されてよい［大阪市コミュニティ協会二〇〇九］。平松前市長の時代だが、「連合町会」とも連動して、「区政会議」「地域活動協議会」などを通じて、大阪城南の空堀《からほり》地区のまちづくり、子育て支援事業、都市農村交流など、基礎自治体レヴェルでのコミュニティづくりがさまざまにおこなわれてきた［大阪市コミュニティ協会二〇一二］。

中央政府レヴェルでの「新しい公共」のとりくみは、残念ながら、鳩山首相が退陣したあとの菅首相・野田首相の民主党政権では充分に追求されず、立ち消えになってしまった。しかし、その考え方が廃《すた》れたわけではない。特に、「金銭による交換価値中心のマネタリー・エコノミーから非金銭的交換や互酬による使用価値中心のボランタリー・エコノミーへ」、「ソーシャル・キャピタルの集積によって形成される新しい市場を」という考え方は、これからの日本社会を考えるうえでますます重要になっていくと私は思っている。

分散した大衆から結合した分衆へ

一九八五年、博報堂のマーケターがつくった「分衆」ということばが日本流行語大賞に選ばれ、「大衆から分衆へ」が日本社会変化のトレンドとしてクローズアップされた。大衆消費時代の終わりとともに、生活者として見たときに、日本人全体が同じような生活を求めているのではなく、絶対的に欲しいものがなくなり、個人個人で何に価値を置くかが多様化した「分衆」状態になってきているのは確かだと思う。

にもかかわらず、主権型自己統治である民主主義は、根本が一元的で階層的な決定システムだから、「分衆」による決定というかたちがとれない。どうしても大衆民主主義になってしまうのだ。それはシステムとしては、（主権を通した）自己統治の方式なのだが、社会生活のなかで具体的に生起してくる問題について、実質的には自己決定ができないものになってしまっている。

これに対して、自己決定ができるようにするには、大衆を分衆に分けること、分衆ごとに自己決定できるようにすることが必要だ。これをやるには、補完性原理が有効なのだ。地域別でいえば、いちばん下の、いちばん小さな自助集団からはじめて、責任をもって実行できることは、そこで決定できるようにする。そして、そこで自分たちだけではできないし、責任ももてないことは、ひとつ上の単位で同じように自己決定できるようにする。これを積み上げていくシステムを作らねばならない。

このときに注意すべきなのは、日本の新自由主義的「小さな政府」論者が補完性原理をいうときのように、責任だけいって、権限と財源をあたえないのではだめだということ。それでは補完性原理は「公共サーヴィスの民営化」「福祉を切り捨てて自己責任にする」という路線の論拠として使われるだけである。そうではなくて、ドイツで定式化されている「AVK原則」（任務［Aufgabe］・責任［Verantwortung］・権限［Konpentenz］のAとVとKをワンセットとして下に降ろしていく原則）や「連結性の原理」（事務の委任と財政的保障をワンセットにする原理）のように、責任・権限・財源を一体のものとして自助単位に付与していくことが必要だ。

また、これを地域別だけではなくて、課題別集団にも適用していく。たとえば職能別労働組合、クラフトユニオン、ワーカーズクラブ、ワーカーズコレクティヴ、農業協同組合、事業協同組合のような職業別集団、たとえば学校ごとのPTAとか、地域医療サーヴィスにおける医療生活協同組合とか、鉄道路線を運営している事業集団と利用している乗客集団との協議体――そういった公共サーヴィス運営利用者別集団などを自助単位にして、自己決定できるようにしていき、それに当事者が責任をもって参加していくという方式を考えるべきである。

このようにして、実体は分散した個人のまま塊《かたまり》としてあつかわれている大衆を、じっさいに生活の上で分節化されている、それぞれの分節に沿って、結合した個人の分衆として自律させていくことができるのである。これが、大衆を分散した個人の塊としての大衆（マス）

のまま結集するのではなく、結合した個人として分節化された公衆（パブリック）として結集していき、それらを連合させることで「新しい公共」をつくりだしていこうとする方向なのである。

4 「小さな自治」が「大きな社会」をつくる

ボランタリー・エコノミーとソーシャル・キャピタル

非金銭的交換や互酬による使用価値中心のボランタリー・エコノミー、ソーシャル・キャピタルの集積によって形成される新しい市場という方向は、日本社会において、けっして絵空事ではない。それどころか、日本社会においてこそ、ある意味では豊かな可能性が存在しているとすらいえるのである。

ボランタリー・エコノミーという概念も、ソーシャル・キャピタルという概念も、近年のさまざまな社会改革の試みのなかで、いろいろと実践的な意味付与がされてきて、もともとの意味が拡張され、定義づけがむずかしくなっている現状がある。新しい社会の創造に関わる概念というのは、そういうふうになるものだし、いまはそこで揺れている意味をむりに確定しないほうがいいように思う。したがって、曖昧な概念のまま、使っていくことにする。

「ボランタリー・エコノミー」(voluntary economy) とは、「新しい公共」円卓会議の座長を務めた金子郁容らによると、現在の資本主義市場経済全体に通用する普遍的なシステムではなくて、広い意味でのコミュニティを想定し、その限定された範囲内で構成員によって多様な財が持ち寄られ、共有され、編集されていく、そのつながりがもたらす経済というように考えられている［金子・松岡・下河辺一九九八］。

「ソーシャル・キャピタル」(social capital) とは、最近この概念を使った研究で注目されているアメリカの政治社会学者ロバート・パットナムによると、人々の協調行動を活発にすることによって社会の効率性を高める働きをする「信頼」「規範」「ネットワーク」といった社会的仕組みの特徴というように考えられている［パットナム二〇〇一］。日本語では、「社交資本」「人間関係資本」などとも訳されているが、「社会関係資本」という方がより正確ではないかと思っている。

いま世界中に共通なものとして成立している商品・資本・労働・金融市場のようなマネタ

リー・マーケットとは別に、普遍的に通用するものではなくて局所的に閉ざされたものだが、マネーという単一の媒体を通じてではなく、構成員の自発的な行為の結びつきによって成り立つボランタリー・マーケットというものも、実現可能なはずである。それは、じっさいにこれまでにも、労働した量を証券化した労働証券のような地域通貨によって結ばれた経済として実現してきている。

「地域通貨」とエコマネー

日本でも、滋賀県草津市の「おうみ」や北海道栗山町の「クリン」のような地域通貨の実験が一定の成果を上げている。また、カード制の労力交換方式によってサーヴィスの相互扶助をおこなう「ボランティア銀行」という試みが一九七〇年代に大阪ではじまり、各地に見られるようになっている。買い物代行など地域でおこなわれたボランティア・ワークに対して受益者が地元商店街だけで通用する商品券「エコマネー」を支払うという方式も、多くの地域で見られるようになっている［北海道自治制作研修センター二〇〇二］(註9)。

このような試みのなかで大きな意味をもってくるのが、ソーシャル・キャピタル（社会関係資本）である。なぜなら、ボランタリー・エコノミーを媒介しているのは、たとえ地域通貨、

図8　主なエコマネー導入・検討地域（註9）
（エコマネー・ネットワークまとめを一部追加）

地域	目的	通貨単位
北海道栗山町	介護・福祉	クリン
東京都多摩ニュウタウン	コミュニティづくり	COMO
長野県駒ヶ根市	まちづくり	ずらー
静岡県清水市駅前銀座	商店街活性化	エッグ
富山県高岡市	市街地活性化	ドラー
富山県富山市	高齢者福祉	きときと
滋賀県草津市	NPO連携	おうみ
兵庫県宝塚市	まちづくり	ZUKA
広島県東広島市	NPO連携	カントリー
高知県高知市	商店街活性化	エンバサ

エコマネーと呼ばれるものであっても媒体としてのマネーではなくて、その経済を成り立たせている特定の構成員の間にある信頼関係や人間関係といった社会的ネットワークだからだ。そして、それこそがソーシャル・キャピタルにほかならないのである。

そして、そのソーシャル・キャピタルが豊かに蓄積されているのが日本社会ではないか、ということが海外の社会学者やジャーナリストからいわれるようになってきたのだ。そのきっかけは、二〇一一年三月一一日の東日本大震災だった。

日本社会に豊かに存在するソーシャル・キャピタル

大震災に際して、日本人の間ではパニックや略奪が起こらず、忍耐強く秩序正しい行動、助け合いや利他的な行動が広く見られたと海外メディアで報じられ、なぜこのようなことができるのか、という疑問に対する一つの答えとしてだされたのが、日本社会にはソーシャル・キャピタルが豊かに存在するからではないかという評価だった。

災害時もパニックにならずお互いに声をかけて助け合う。スーパーの棚が崩れても、略奪や持ち逃げは起きない。起きないどころか、客が棚に商品をもどしている。長いタクシーの列にも辛抱強く並ぶ。こういった日本人にとっては当たり前のことが、海外からは驚異の目で見られている。……

こうした非常時における同朋意識と助け合いの精神は、間違いなく日本に根強く存在するソーシャルキャピタルだと言える。地域におけるソーシャルキャピタルの存在がコミュニティーを育て、安全な社会を実現する力を持っているように、日本全体のソーシ

註9　地域通貨、エコマネーの実践について、最新情報を含めたくわしい内容は、静岡県藤枝市の製茶問屋西野商店のHP内の「地域通貨・エコマネー　地域コミニティーの再生へ」も参照。この商店の商店街づくり・まちづくり活動自体がグローバリゼーションのなかでの地域再興の試みを体現している。http://www.meicha.co.jp/money.html

ャルキャピタルが世界に誇るべき災害への対応をもたらしたのである。(註10)

じっさいには略奪や窃盗も見られたし、「我慢」はいいけれど受け身すぎないか、耐えているのは自己催眠ではないか、といった批判がなされ、それも当たっているところがあったとは思う。しかし、いま紹介したような行動様式を生みだしたのが、日本社会のなかにある「信頼」「規範」「ネットワーク」の深さであり、それが人々の協調行動を活発にすることによって、社会の効率性を高める働きをしたということ、つまりソーシャル・キャピタルの豊かさによるものであるということは確かなのではないだろうか。

日本社会に蓄積されたソーシャル・キャピタルの豊かさは、大震災のような非常時の一時的活動にだけ発揮されるものではなく、企業活動のような平時の持続的活動にもあらわれているのである。

経営学の久保田章市によれば［久保田二〇一〇］、世界のなかで創業二〇〇年以上の企業がいちばん多いのは日本だそうだ。三一一三社に上り、二位のドイツの倍以上あるという。そのうち、多いのは従業員三〇〇人未満の中小企業で、それらの企業の経営にはいくつかの共通した特徴が見られるという。その特徴のなかで注目されるのは、会社がめざす目的や価値観を大事にするという点で、そのためには、規模を大きくしすぎないこと、事業が成長しすぎないようにすることを意識的に追求している経営者が多いということだ。

「経営者にとって従業員の顔と名前が一致しなくなるほどの数には絶対にしない」という企業、「社員一人ひとりのハッピネスの総和こそが企業価値」という企業……それらの多くは家訓、社是、社訓として定式化されている。

ここにも「信頼」「規範」「ネットワーク」を売上や利潤よりも優先して考える経営思想、つまりマネタリー・エコノミーよりボランタリー・エコノミー、マネタリー・キャピタルよりソーシャル・キャピタルを重視する事業哲学があらわれているといえないだろうか。それはフローよりストックを、といってもマネタリー・キャピタルのストックではなく、人間関係、社会関係を通じたソーシャル・キャピタルのストックを重視する経営思想、事業哲学なのである。そして、それが、いわば市場を社会に埋め込み、「大きくなりすぎない」「成長しすぎない」経済、持続可能な発展を実現し、それゆえに適正規模のまま永続きしてきたとい

註10　小峰隆夫「巨大地震の経済的影響をどう考えるか」、『日経ビジネスオンライン』二〇一一年三月二三日

えるのではないか。
橋下ブレーンの竹中平蔵、上山信一たちが奉じている新古典派経済学は、人間は経済行動においてはすべての変数を計算して効用を最大にする方向で行動するものだ、という人間観・社会観を前提にしている。だが、そうではなくて、人間は、その社会あるいは社会集団を律する一定の規範のなかで、それによって限定された変数を見ながら行動するものだという「アイデンティティの経済学」という考え方がでてきて、いま注目されている。日本の百年企業は、その格好の範型を提供するものと考えることができる。

このように、日本社会はソーシャル・キャピタルが豊富に蓄積されているのである。そして、それは日本の近代社会が、ヨーロッパの市民社会形成を移植してつくりあげられてきたように見えながら、それだけではなく、日本の前近代社会の特質をそれなりに活かしてヨーロッパ近代とは異なる日本型の近代社会をつくりだしてきたからなのだ。われわれは、いま、あらためて、その特徴と特質をつかみ、それを「大きな社会」「新しい公共」の形成に活かしていく必要があると思う。

日本における二重の市民社会

この点については、アメリカの政治社会学者ロバート・ペッカネンが、日本の地域コミュニティ活動について、詳細な調査にもとづき興味深い研究をしている。ペッカネンは、その著作『Japan's Dual Civil Society（日本における二重の市民社会）』［Pekkanen 2006］のなかで、戦後日本の地域コミュニティ形成を、特にそれをになった市民組織に焦点を当てて、欧米諸国と比較しながら研究し、日本のコミュニティ組織の特徴とそれを生みだした市民社会の特質を論じている。

ペッカネンは、日本では、戦後においても、戦前からの伝統的地域社会に存在してきた町内会のような隣保組織が地域コミュニティの中心になったが、こうした地域組織は、やがて社会環境に適合できなくなっていって、代わりに「伝統型住民層」ではなく「市民型住民層」を基盤としたコミュニティの形成が志向された、としている。

そして、このような日本社会の構造を「二重の市民社会」と表現しているわけだ。

日本の近代化は、下からの市民革命を通じてではなく、上からの国家改革を通じておこなわれた。そのため西欧のように、近代国家が市民社会の上に建てられたのではなく、近代的な形式をとって建てられた国家が前近代的な要素を広範に残した社会のなかに入ってきて、社会関係を組み換えていくものであった。だから、社会と国家がなかなか分離せず、終始癒着しながら、政治的に形成された秩序を包み込んだ社会が形成され、その結果、「二重の市民社会」状態が生みだされたと、ペッカネンはいう。

このように二重の市民社会として日本社会をとらえる観点は、日本の近代化を考えるうえでも、また今後つくられるべき「大きな社会」「新しい公共」のありかたを考えるうえでも、有益なのではないか。ただし、ペッカネンが評価している「市民型住民層」ではなく、逆に、旧《ふる》いものとされている町内会(「伝統型住民層」)のほうにこそ、可能性が含まれているのではないかと私は思っている。

「ほんとうの社会」としての「町内」

町内会、町会、自治会、部落会……いろいろな呼び方をされているが(ペッカネンはNeighborhood Association[近隣組合]略してNHAと書いている)、近隣の全戸が加入している自主的な住民組織である、総称としての「町内会」——これはそもそもどのようにしてつくられたのか。

ペッカネンは、官製のもののようにいっているが、もともとは明治初年代に下から自生的につくられたものなのである。むしろ、市町村のほうが、上からの制度として地域にかぶせられてきた官製のものだったのだ。

町内会研究で知られる社会学の倉沢進は、町内会は「国家や自治体のように一定の領土ないし管轄範囲をもっている」「アンシュタルト原理〔Anstalt 国家・自治体と同じ公共的性質〕をもつ」組織だといっている。じっさいに、町内会は、明治初年代に各地域に自主的に組織されたアソシエイションで、当初は全戸加盟制ではなかった。そして、明治のはじめごろに造られた全国の道路、橋、学校の多くは、町内会と町内会連合が、その管轄内でもっていた事実上の「徴税権」によって集めた会費や寄付、事実上の「徴兵権」によって集めた住民の労働力をもって造ったものなのである。このことを明らかにしたうえで、倉沢は、「この明治前期の活力をもった町内が、自治体に公式に変わっていくということが一番よかった」といっているが、そのとおりだと思う〔倉沢・秋元一九九〇〕。

ところが、このあと、一八八八年に中央政府が市制・町村制を公布、行政単位としての市町村をつくり、市長は任命、町村長は名誉職として、中央政府とその出先の強力な支配下に置かれたのだ。そして、財政能力拡大のため大規模な町村合併を続け、共同生活単位と関係なく公式自治体をつくっていったのである。こうした公式の地方自治制度のもとで、それまで町内会がやってきたことは非公認のものとされ、公式自治体が利用できる機能だけを使うようになっていったのだ。町内会がいま示している行政依存的性格、行政末端補完機能は、このようにして中央政府、行政によって強いられたものなのだ。そして、昭和の戦時体制のもとで、総動員体制に組み込まれ、上意下達組織のようにされていってしまったというのが、歴史的事実なのである。

しかし、そのなかでも、町内会は、自生的な共同生活単位である「町内」のエージェントとしての性格を完全には失わず、自主的な相互扶助組織として（その点については非公認のままに）活動してきたのだ。だから、敗戦直後の物資不足のときには、町内会を母胎にして、町内ごとに「町内会生協」と呼ばれた生活協同組合が多数組織され、生活物資の確保・分配を協同でおこなったのである。また、一九四七年に「上意下達組織で、民主化を阻《はば》むもの」という誤った評価（これにもっとも強く反対したのは市川房枝）によってGHQが町内会を禁止したにもかかわらず、近隣の相互扶助関係は保たれ、占領終了とともに、たちまち町内会は各地で自主的に復活してきた。こうして自主的に復活した町内会によって結びつけられた戦後の「町内」コミュニティは、欧米における教会によって結びつけられた「教区」コミュニティと同等の機能をもっていたといっても、まちがってはいないだろう。

このように見てくるなら、日本の近代社会においては、ペッカネンの評価とは逆に、町内こそが（プルードンのいう）「ほんとうの社会」（société réel）で、公式自治体のほうが単に上にかさぶたのように被さっているにすぎない「公認の社会」（société officiele）なのだといえるのではないか。[註11]だから、日本社会に豊かに存在することが認められたソーシャル・キャピタルは、「公認の社会」としての自治体にではなく、「ほんとうの社会」である町内のような共同生活単位にこそ蓄積されてきたと考えることができるのである。

だから、いま町内会のような旧い住民組織に代えてNPOのような新しい市民組織を、というのではなく、むしろ町内のような共同生活単位に根ざした市民組織が生まれ、それが町内会のような組織と協働し合うことが必要なのではないか。一九八〇年代に、社会学者の福武直が「地域生協は新しい町内会にならなければならない」としきりにいっていたそうだが、それはこのことを指していたにちがいない。

また、町内会は行政から自立していないからだめだというのではなくて、むしろ町内会が行政と密接な関係をもっていることを利用して「公民協働」を追求できることのほうが重要なのだ。このような観点から、先に見た大阪市コミュニティ協会のような活動こそが、いま

註11『アナキズムの再生』大窪一志　二〇一〇年

求められているのではないかと思う。

もちろん、町内会のようなペッカネンのいう「伝統型」組織だけでできるものではなく、NPOのような「市民型」組織も必要不可欠である。その両方の機能が大事なのだ。地域・職域の「伝統型」共同生活組織と、「市民型」ボランタリー・アソシエイションとの相補的協働が求められている。そして、そうした協働を実現するうえで、まず「伝統型」組織の意義の見直し、そして地方自治体の側からの「公民協働」の場の設定と推進が大切になってくるのである。

こうした方向を追求していくことで、日本における二重の市民社会のありかたを変えていくことができるし、そして、それが福祉国家の途《みち》でも市場原理の途でもない「大きな社会」「新しい公共」の途を切り開いていくことにつながっていくことを期待したい。

「小さな自治」＝「分権分散型自治」からの出発

このように、小さな共同生活単位から出発して自治を再構築していく方向は、日本だけでなく、ヨーロッパ諸国でも追求されている。諸外国の自治制度にくわしい元自治官僚で公共経営学の片木淳は、次のようにのべている［片木二〇一〇］。

「地方政府」の階層は、我が国では都道府県と市町村の2層であるが、欧米主要国では①州等の「リージョン政府」、②それより狭い地域の「広域政府」、③さらに狭く、したがってそれだけ住民に近い「基礎政府」、④もっとも住民に近い「近隣政府」の4層が基本となっている。

このうち、「近隣政府」についていえば、イギリスには、1万以上の「パリッシュ等」があるが、近年、都市部を中心にその数が増加傾向にある。ドイツのほとんどの州には、都市内分権として公選議員を有する近隣政府的組織として「自治体内下位区分」が存在する。3万6000余もあるフランスの「コミューン」は、近隣政府というべき小規模なものが大半であるが、さらに、02年の「身近な民主主義に関する法律」により人口8万人以上のコミューンは、「近隣住区評議会」の設置が義務づけられた。

日本においても、04年、地域自治組織として合併特例区と地域自治区が創設されたが、これも、近隣政府の萌芽的な形態と考えることが可能である。

このように、イギリスのパリッシュ、ドイツの自治体内下位区分、フランスのコミューン、そして日本の町内といった、もっとも小さな自治単位の自治こそが、補完性原理の出発点になり、「大きな社会」「新しい公共」の源基になる可能性を秘めているのである。

すでに日本では、二〇〇四年に創設された「合併特例区と地域自治区」に続いて、二〇〇九年には地方制度調査会や総務省から、「公選制の地域協議会」の検討、地域における公共サーヴィス提供の核となり、地域コミュニティ組織による公共サーヴィスの提供を総合的・包括的にマネジメントする組織としての「地域協働体」の設置が打ちだされるなど、「小さな自治単位」の創設が進められている。このようにして、いま、「町内」的自治単位、「町内会」的自治組織の復活・創造がはじまっているのである。(註12)

グローバリゼーションにともなう地域経済の衰退は逆に、地域経済圏をつくりだし確立することを求めている。これは橋下のブレーンである大前研一が、強く主張しているところでもある［大前一九九五］。そのことは、ふたたび地域通貨の可能性、ボランタリー・エコノミーの可能性を蘇らせているのではないか。そして、そのためには、日本社会に豊かに蓄積されているソーシャル・キャピタルを活用することが求められる。それはまさに下からの住民自治の課題であり、自治体の課題なのだ。橋下維新の運動も、初心に返って、大阪からこういう改革をこそ進めていくべきと進言しておきたい。

この章では、「グローバリゼーションへの対応」と「地方自治制度改革の必要性」という二つの面から橋下維新の——現在のところ唯一内実をもった統治機構改革案である——大阪都構想を検討してきた。それは、グローバリゼーションにも、自治制度改革にも積極的に対応しようとするものであり、検討するに値する改革案であるといわなければならない。

しかし、グローバリゼーションと分権自治との関係は、橋下維新の構想が考えているような、開放すればいいというだけの単純なものではない。

註12　自治体行政学の大森彌は、基礎自治体の考え方において、「行政運営における財源と職員を本所（本庁）に集中させ、対住民サーヴィスもできるだけ地域差をなくし等しく行うような体制」を「小異を捨てて大同に就く」ものとして「集権統合型」と呼び、いまのべたような小さな自治単位の自治から出発する考え方を「小異を大事にしながら大同に就く」ものとして「分権分散型」と呼び、この「分権分散型自治」のほうを評価している［大森二〇〇八］。

大阪市では、橋下市長のほうが「集権統合型」、それに対抗している大阪市コミュニティ協会のほうが「分権分散型」をめざしているように思える。

グローバリゼーションにローカリゼーションで対応する

「グローバリゼーションはローカリゼーションを要求する」――このことをいち早く見抜いて、一九九五年に、これを「国民国家の終わり」「地域国家の創成」として世界に向けて発信したのは大前研一だった。橋下は、この発想の重要性を感受していて、大阪維新の会を立ち上げたときに、大前をブレーンとして迎え入れている。その点では、橋下は凡百の政治指導者よりずっとセンスがいいと私は思っている。

グローバリゼーションは、ナショナルな領域から人々を解き放ってグローバルな領域に放りだす働きをするが、同時に、それだけではなく、それまでナショナルな領域にあったものをローカルな領域に引きもどす働きもするのである。それによって、ローカルなものに立てこもりつつグローバルな領域とつながることができるもの、あるいはつながろうと努めている個人、地域組織、中小企業などが活性化される。

中小企業GOKOカメラは、敗戦直後の経済混乱からくる苦難の経験から、「絶対に倒産のありえない企業」「輝ける中小企業」を理想として設立され、独自の技術により世界初・唯一の技術を持つ製品を開発することに専念し、八ミリ編集機では世界の八五%、コンパクトカメラでは世界の四〇%以上の、それぞれ世界一の占拠率を獲得、また、OEM（Original

Equipment Manufacturing の略で、委託者のブランドで製品を生産すること）方式で、中小企業のまま生産を伸ばしてきた。カメラのデジタル化に際しては、自社技術の特性からデジタル分野へは進まず、医療器械・精密検査器械へ技術の展開を図っている。このようなことができたのも、自分たちの企業の守備範囲を限定して閉ざし、オンリーワンに特化しながら、グローバリゼーションのなかで世界中から受注できるように努めたからである。

二〇一一年、由紀さおりの四〇年以上前の曲が、突然世界中の注目を浴び、iTunes ジャズ・チャートおよびカナダ iTunes チャート・ワールドミュージックで一位獲得という快挙を達成、由紀さおり堂々の世界デビューとなった。世界的ジャズアンサンブルであるピンク・マルティーニのピアニスト、トーマス・ローダーデールが中古レコードで由紀さおりの楽曲を発見、iTunes などインターネットメディアで広まり、世界二〇ヶ国以上でCD発売・デジタル配信され、急速に支持を集めたのであった。

音楽学者によると、これは日本語の歌の特質が西洋のメロディにのったときに起こる現象によるものだという。日本語は西洋の言語にくらべて、音節が少なく、母音の比重が高い。だから、音節が多い西洋語の歌詞にあわせてつくられた西洋音楽のメロディに、音節が少なく母音の多い日本語の歌詞をのせて歌うと、一つ一つの音節、一つ一つの単語をふくらませ、母音を変音させながら歌うことになる。特に母音の使い方が豊かで深い由紀さおりのような歌手が歌うと、フォルマント（母音の構成素音）が多く多種多様な共鳴音がでて、魅惑的である。そんなところから、まったくドメスティックなものだと思われていた日本語で西洋音楽を歌った曲が、世界を魅了した、というわけなのだ。

宮崎駿監督のジブリ・アニメなどもそうだが、ここにおいても、いたずらにグローバルなものを志向するのではなく、ドメスティックなものに徹すること、ドメスティックなストックにこだわることが、世界的ブレークをもたらした例を見ることができる。[註13]

大阪都構想において、橋下ブレーンが構想しているような、「ストックをフローに」ということばかりを追求し、ドメスティックなもの、ローカルなものを量的な競争力に転化していってしまうのではなく、グローバルな市場においてこそドメスティックな特質を活かし、グローバリゼーションに対してローカリゼーションで対応できるような地方《ローカル》づくり、現場《ローカル》づくりこそが必要なのである。

註13　ＮＨＫテレビ二〇一二年二月二一日放送の「クローズアップ現代」より、音楽学の秋岡暢、音声心理学の重野純の分析

Ⅲ　橋下維新と自己統治

1　大衆の民主主義的独裁をめざす橋下維新

そもそもポピュリズムとは何か

前章で、橋下維新の統治機構改革は分権自治改革ではない、ということを明らかにした。それでは、どういう政治体制をめざしているのか。これについては、日本維新の会の「維新八策」を読んでもはっきりしないし、橋下たち党幹部の発言を聞いても、いろいろ矛盾したことをいっていて、よくわからない。統治機構改革といいながら、どのような国家像を描いているのか、どのような政治思想をもとにしているのかさえ、はっきりしないのだ。

橋下批判者たちは、これをポピュリズムにもとづくものだというが、それがあたらないということはすでにのべた。そうした指摘は、ポピュリズムという概念を曖昧にして、単なるシンボル操作的な規定にしてしまったり、ポピュリズム概念の拡張によって歴史的内容を欠落させたりした結果、だされてきたものである。

それに対して、橋下徹自身の政治思想がもつ歴史的内容と問題点をもっとはっきりさせ、いま問われている選択はどういうものなのかを明確にするために、ポピュリズムが、歴史的にどんな内容をもった政治体制なのか、あらためて考えてみる必要がある。

ポピュリズムということばのもとは、一九世紀末、アメリカ南西部の農民層を中心に興った人民投票による直接民主制の政治を要求する社会運動を主導したのがポピュリスト・パーティ（Populist Party 人民党）という党だったことに由来している。しかし、この運動は短期間で潰《つい》え、これが拡がってポピュリズムという政治運動が生まれたというわけではない。

ナセル体制・スカルノ体制・ペロン体制とポピュリズム政治運動

政治運動としてのポピュリズムは、歴史的に見るならば、資本主義社会と近代国家が普遍的になろうとしているときに、いまだに非資本主義的・前近代的社会が強固に存在するところにおいて、資本主義化・近代化の流れに対応しようとして生みだされたものなのである。その典型は、第二次世界大戦後におけるエジプトのナセル、インドネシアのスカルノ、アルゼンチンのペロンなどの運動に見ることができる。

それらの政治運動に共通した特徴は、以下のような点にある。

第一に、大衆政党の運動であること。

ここで「大衆政党」というのは、「国民政党」でも「階級政党」でもなく――たとえば中国でいえば国民統合をめざす中国国民党やプロレタリア階級支配をめざす中国共産党のような政党ではなく――、ナセルのアラブ社会主義者連合、スカルノのインドネシア国民党、ペロンの正義党のように、無限定な「大衆」の欲望と力を基盤にした政党のことを示している。こうした政党は、社会的に分裂したままの民衆《ピープル》を、それぞれの個が同じ欲望を懐《いだ》き、その欲望の充足のために力《パワー》を求めて大衆《マス》にまとまろうとしているという契機に立脚して、彼らを糾合しようとしたのである。

そして、第二に、この大衆政党の運動が、さまざまに分立した社会権力を、政治的に統合した一元的な政治権力を打ち立てるという点で共通している。

通常、ポピュリズム政治運動は、いわゆる部族権力（tribal powers）や非近代的団体権力（collective powers）が社会的に分立していて、政治的な統一が困難である地域において成立する。ポピュリズム運動は、このような社会権力の分立を統一するのではなく、温存したまま、対立を調停し、利害を調整しうるような政治体制をつくるのである。

第三に、そのような政治体制は単一の大衆政党による一元的で独裁的な政治権力の樹立によって実現される。

ただし、この政治権力は、一党独裁ではあるが、さまざまな社会権力の分立を温存し、それらの対立を調停するためのもので、各社会権力が包括している部分社会（たとえば諸部族勢力）に対する利益配分を独裁的におこなうことを主要な任務としている。

第四に、このような政治的統合を実現する契機として、対外的自立、対内的革新を掲げて推進する運動に特徴がある。

「対外的自立」とは、先進国の帝国主義・新植民地主義を打ち破って独立を実現し確保することを意味している。「対内的革新」とは、そうした先進国の圧迫に従属して分立に沈み込んでいく旧権力に対して、それを大衆の欲望と力に定位することによってのりこえ、社会開発のリーダーとなっていくことを意味している。その意味で、確立されたポピュリズム政治体制は、いわゆる「発展独裁」（「開発独裁」）の形態を採る。

このように、ポピュリズム政治運動は、本質的に非近代的で非民主主義的なものである。そして、多元的な社会権力や部族的割拠状態を解消して独裁を実現するのではなく、それらを温存しながら、対立を調停するために独裁をおこなうわけだ。それが歴史的に成立した政治体制としてのポピュリズムのありかたであった。ポピュリズムは、そのような本質のままに、民族社会主義――たとえばナセルが掲げたアラブ社会主義、スカルノが掲げたナサコム〔Nationalism（民族主義）+ Agama（宗教）+ Communism（共産主義）〕――、共和主義、反帝国主義、非同盟主義を共通して掲げ、たがいに結びつくことになる。

こうしたポピュリズムにもとづく政治体制は、たとえばエジプトでは、ナセルを引き継いだサダト政権、ムバラク政権によって最近まで維持されてきた。だが、グローバリゼーションが国内に浸透するなかで、もはや維持できなくなってきたのである。もはや一党独裁政権による利権配分によっては、宗教対立を含む諸部族社会権力の対立を調停できなくなった。また、帝国主義でも新植民地主義でもないグローバリゼーションの浸透に自立を保つこともできなくなってきたのだ。そこでは、寡頭制多元権力――政治権力は寡頭制、社会権力は多元的――を覆っていた「大衆国家」という虚構が意味を失っている。そして、それまで調停され、鎮静化していたが、根強く存在していた多元的な社会権力の抗争がはじまったのである。それが二〇一〇年以降、北アフリカのアラブ世界を覆っている「アラブの春」の実相なのだ。だからそれは、いわれているような「民主化」や「市民革命」ではありえず、その後、エジプトをはじめ各国の部族対立の表面化、激化としてあらわれてきているのである。

橋下政治はポピュリズムではない

橋下維新の政治運動は、このような意味でのポピュリズムとはなんの共通性もない。それは近代的な運動であり、民主主義的な運動である。橋下批判者たちは、橋下維新をポピュリズムであると同時に新自由主義であるといっているようだが、これもおかしなことだ。反個人主義的・権威主義的で統制経済を志向するポピュリズムと、個人主義的・自由主義的で放任経済を志向する新自由主義が両立することはありえない。また、ポピュリズムは、何よりも力強い大衆運動である。能動的大衆を強力な議会外大衆行動に駆り立て、それによって、議会主義政党ではない大衆政党による一党独裁をつくりだすのだ。しかし、橋下維新は、そのような大衆運動を起こしていないし、起こせるものでもない。そのような能動的な大衆を基盤にしたものではなく、基本的に依存的で非自律的な大衆から、選挙を通じた委任を調達することを基盤にしているのである。

私がなぜこんなにポピュリズムの歴史的内容に拘泥するかというと、そうしないでポピュリズムの概念を拡散してしまうことは、たとえばいま挙げたエジプトのナセル、インドネシアのスカルノ、アルゼンチンのペロンなどの運動がもっていた根拠、正当性のありかを見ないことにつながる恐れがあるからだ。そして、それはまた、橋下維新の運動が、現在の日本の社会、世界の環境のなかで何ゆえ支持を得ているのか、その根拠、正当性のありかがわからないことにつながっていると思うからである。それでは、対抗できるわけがない。

しかし、橋下維新の運動が、近代が終わろうとしているときに、ゆきづまった民主主義を打破しようとして、でてきたものであることは確かである。といっても、それを反民主主義の方向で打開しようとするのではなく、むしろ民主主義の原点にもどろうとすることによって打破しようとしているととらえるべきで、本質において近代的民主主義的運動なのだ。民主主義の隘路《あいろ》を打破しようとしているので、そこから一見ポピュリズムと似ているような印象をあたえられているのだが、けっしてポピュリズムではない。

では、何なのかといえば、それは、大衆民主主義すなわちマスデモクラシーの過激な形態にほかならないのではないか、と思っている。

なぜ、そう思うのか。デモクラシーとは何だったのか、マスデモクラシーとは何だったのか、ということに立ちもどって考えてみよう。これも、ポピュリズムの場合と同じように、「民主」というシンボルから曖昧に見たり、機能概念として見たりするのではなく、歴史的に成立した統治形態として見ることが必要とされる。

個の自由を前提とした民主主義のディレンマ

民主主義とは政治形態であり、統治の形態だ。それは、自由な個人が自由なままに結びついて、その結びついた諸個人をみずからの手で統治しようという自己統治の方式であった。ピエール・ジョセフ・プルードンは、『連合の原理』のなかで、統治形態を次の四つに分けている［プルードン一九七一］。

① 個人による万人の統治――君主制（monarchie）・家父長制（patriarcat）
② 万人による万人の統治――共産制（communisme）・選択政府制（panarchie）
③ 各人による万人の統治――民主制（démocratie）
④ 各人による各人の統治――無政府制（anarchie）

このとき、民主制すなわち統治形態としての民主主義において、各人が万人を統治できるためには、万人が同質であることが前提でならなければならない。万人が自分と同じであるからこそ、各人が万人を統治できるのである。

①の個人による万人の統治、④の各人による各人の統治においては、万人が同質である必

要はなく、各人がたがいに異質であることを前提にしているが、②の万人による万人の統治の場合は万人が同質であることが前提になる。民主制も共産制も、平等原理にもとづかないと成り立たない。

ところが、民主制の場合、その一方で、個の自由を前提にしている。つまり、個々人がそれぞれに異質であることを前提にしているのである。自由であるとは、一人ひとりが他人と異なっていることを認めあうことを意味しているのである。

ここに民主主義の根本的なディレンマが存在する。個々人の同質性と異質性、平等原理と自由原理が同時に成り立たなくてはならないというディレンマだ。このディレンマから逃れるにはどうしたらいいのか。そこで、**民主主義においては、平等を政治的平等に、同質性を政治的権利に限定して、それ以外の領域、総じていえば市民社会の領域においては、個々人は不平等であり、それぞれに異質な存在であることを認めることになる。つまり、同質性と異質性、平等原理と自由原理が成り立つレヴェルを別にして、切り離したのである。**

統治形態としての民主主義

わかりやすい例を挙げよう。政治的な領域における選挙では、投票権は一人一票で平等だが、市民社会の領域における株主総会では、議決権は一人一票ではなく所有している株式の数によって異なっている。そこで平等なのは個人ではなく株である。政治的な領域においては（刑事責任においては）、助けられる隣人を助けない行為は罪に問われる場合があるが、社会的な領域においては（民事責任においては）、そういう契約があるのでなければ、隣人を助ける責任はない。人助けをするかしないかについて、社会的には自由だが、政治的には自由ではありえない。

と同時に、市民社会の領域における個々人の異質性、自由を確保するためにも、政治的な領域においては、いったん自由を捨て異質性を留保して結びつきあって政治的国家を創設し、唯一最高の政治的意志として、ルソーが『社会契約論』でのべた、「一般意志」（volonté générale）を確立するわけである。この一般意志を具現したものが「主権」（sovereignty）すなわちさまざまな政治的権利のうちで最高の権利、ほかのすべての権利がその下に秩序づけられるような至上の権利である。

政治的国家と市民社会の関係がこのようなものとして構成される以上、民主主義における平等は、原理的にいって、社会的平等を意味してはいない。それゆえ、たとえば同じ民主主義国家の構成員の間で所得格差が大きくなったとしても、それが民主主義に反するというわけではない。反対に、なるべく社会的に平等になるような立法をおこなったり、あるいは政治的平等だけではなく社会的平等をも実現しようという一般意志を新たに立てて、それをおこなったりすることも、民主主義の名のもとにできる。前者が社会民主主義の、後者がコミュニズムの考え方で、後者の場合には、先ほどのプルードンの類型化によれば、万人による万人の統治としての共産制が実現するわけだ。

大衆民主主義への転換

このようなものである民主主義は、もともとは封建制や絶対王制のもとでの身分制秩序を打破しようとして生まれたもので、身分制社会の拘束をなくして社会的自由を実現しようという意志が一般意志として結実したものである。ところが、いったん、そのようにして自由な市民社会が実現すると、その自由を充分に行使できる人たちと、そうした人たちの行使する自由のために自分たちの自由を阻害される人たちとの間に、争いが起こってくる。

特に、生産手段を所有し、それを使って生産を組織し、利潤を手に入れることができる資本家と、生産手段を所有していないために、資本家に雇われ、自分の労働力を売って生計を立てるしかない労働者との間での対立が大きくなってくる。また、政治的に無権利のまま家庭内に縛りつけられていた女性の権利を認めよという声も大きくなってきた。

そうすると、もともとの一般意志のもとで社会の構成員全体が結びつきを保っていくことがむずかしくなってくる。労働者や女性のなかからは、社会的平等を掲げ、政治的合意を建て直して、新しい社会契約を結ぼうという社会革命の動きが高まってきた。これは、民主主義という統治形態の危機につながっていくわけである。

そこで、民主主義の質的転換が図られる。それまでの民主主義は、財産を所有する男性だけが政治に参加できる「男性有産者民主主義」だった。それでは労働力を売るしかない無産者である労働者、政治的に無権利の女性を統合できなくなってきたのである。

無産の労働者や女性を統治に参加させて統合していくために、まず参政権が拡大される。続いて、市民社会において自由であることを保障する自由権だけでなく、個人の生存の維持・発展のために万人が配慮することが必要とされる社会権という考え方を導入するようになった。社会権の内容としては、民法上の一般的な権利とは別に定められる労働者の団結権、団体交渉権、団体行動権（争議権など）、さらには抽象的なかたちでの国家の義務として定められた生存権（生存または最低限の生活に必要な条件の確保を要求する権利）、教育を受ける権利などが実現されてきた。

これは、それまで政治的な領域における平等と社会的な領域における自由と、いわば「棲み分け」されることによってディレンマから逃れていた平等と自由が、棲み分けできなくなり、政治的国家においても、市民社会においても、自由と平等との衝突が現実に起こってくることを意味していた。

このようなかたちに質的に転換した民主主義を「大衆民主主義」、マスデモクラシー（mass democracy）と呼んでいるのである。

大衆民主主義のディレンマ

統治形態としての民主主義は、いまのべたように、もともと有産市民の政治参加によって成立したものだった。彼らは教養と財産をもち、政治的権利の基本である所有権を、みずからのためと同時に市民社会のために行使していくことができる存在として、責任を果たせる公衆（public）であると考えられていた。ところが、参政権の拡大をはじめとする一連の同権化を通じて、「公衆」よりもより広範な「大衆」（mass）を政治過程に引き入れていくことになったのである。大衆は、公衆とは違ってさしあたり教養も財産もなく、所有権を基軸とした市民社会秩序をみずから積極的にになっていこうとする市民としての自律性をもっていない人たちを含んでいる。したがって、そうした大衆が政治過程に引き込まれていけばいくほど、それ以前の古典的民主主義の「同質性」の基盤は侵食されていかざるをえないのである。

こういうと大衆をバカにしているように思われるかもしれないが、そうではない。もともと民主主義という統治形態における権利と義務の基軸は「個人の所有」（私的所有）におかれているので、みずからが所有しているものによってみずから生産活動ができ、それを通じて公共に貢献できる者が自己責任を果たしていると認められるという構造になっているということをいいたいのである。無所有の者（生活用具をもっていないとか住居をもっていないとかいう意味ではなく労働力を売るしかない者という意味）は、本来の民主主義（古典的民主主義）においては基本的に公共に関わることができない存在だったのである。それは、近代民主主義が本来もっていた性格なのだ。だから、「私的所有」を「社会的所有」に転化することによって、政治的平等だけでなく社会的平等を実現しようという革命運動が起こったのも、ここに理由があったのである。

大衆をどんどん政治過程に引き入れていく力の根源は、社会的な領域での平等を求める力の増大にあった。そして、この社会的平等を求める力が政治的な領域に入ってきて、政治的な領域での平等を、絶対的な「人間的平等」に近づけようとする強い圧力が働いていくことになる。

この圧力によって生まれたのが福祉国家である。生存権を保障する義務を果たすために、国家が社会に介入し、権力をふるって、ある程度の平等を実現しようとしたのである。

これは、社会的な平等が進んでいくのだから、いいことだと思われるわけだが、しかし、民主主義という統治形態が原理的に成り立ちえたのは、自由と平等を、社会的領域と政治的領域で「棲み分ける」ことによってだったことを忘れてはならない。その「棲み分け」が、曖昧になり、次第になくなっていくことになると、本来矛盾するものであった自由原理と平等原理が、社会的領域においても政治的領域においても、衝突を起こすことになる。

社会的領域においては、政治過程に引き入れた大衆を統合するために、近代国家成立のときにいったん解体した中間組織を新たなかたちで成り立たせなければならなくなってくる。労働組合とか協同組合とか市民団体とか、新しい中間組織を公認し、そこに利害《インタレスト》=関心を同じくして集まっている実質的に同質な集団を、その中間組織を媒介に国家に統合することによって、大衆統合を果たさなければならなくなるわけだ。これは、民主主義の前提であった一元的な形式的同質性を崩すことを意味している。そして、多元的で媒介的な統合になっていくのである。それにともなって、「主権」というものが曖昧になる。

以上のような社会的領域における変質にともなって、社会的領域における利害《インタレスト》=関心がそのまま政治領域に持ちこまれることになる。「討論」の機関であり「意見の闘争」の場であった議会が、「交渉」の機関となって「利害の闘争」の場に変質していき、党議拘束が常態化することになる。そして議員は「国民代表」から実質的に「利害集団の代表」に変質する。そして、ここでは、このような利害《インタレスト》＝関心を超えた政治的意志の形成は、具体的な人民の一般意志の形成ではなく、抽象的な大衆の一般意識の形成にすりかわっていくのである。

　このようにして、民主主義は拡張されるにしたがって、もともとの成立原理から離れ、その意味を拡散していってしまうことになる。そして、社会的領域においても政治的領域においても、自由と平等のディレンマが現実的にあらわれ、その矛盾が激化する。これが大衆民主主義の根本的なディレンマなのである。

国民国家のゆくえ

　まえに「国民国家優位の国民経済」から「市民社会優位の世界経済」へ――とのべた。このような国家と社会、国民と市民との関係の逆転がいま、福祉国家秩序を成り立たせている妥協をもはや不可能にし、そのことを通じて、大衆民主主義の危機をもたらしているのである。

　近代の市民社会とは、古代の市民社会と違って、それ自体のなかには共同の関係をつくろうとせず、個々ばらばらの個人が自由な契約によって、おたがいに合意が成り立つなら、基本的に「何をやってもいい」社会として設定されたものなのだ。

だが、それでは、まったく力のみが支配する弱肉強食の社会になる。市民社会における契約の自由を認めながら、それが秩序だっておこなわれるように、社会の構成員がみずからの自由な権利をいったん放棄して結びつきあい、万人が万人を統治するような、統治する者と統治される者が、そこのレヴェルでは一致するような統治形態を設定しよう、というところから生まれたのが、近代民主主義国家なのである。

その意味では、近代市民社会とは、古代ギリシアの市民社会とは違い、その社会の「外」あるいは「上」に、その社会のメカニズムとは区別されるかたちで、国家をもたなければ秩序を成り立たせることができない社会なのである。先ほどのべたように、**政治的領域と社会的領域、政治的国家と市民社会とを分離することによって、自由と平等を両立させることこそが、近代民主主義という統治形態の妙味だったのである。**

そうした意味において、近代自由主義はどうしても国家を必要とする。イマニュエル・ウォーラースティンがいっているように、「保守主義と社会主義が追求するのは、国家以外の機関に表現の場を見出せる『社会』である」のに対し、「自由主義は、まさに個人主義と契約を基礎とするために、係争の最終解決は国家の決定に委ねる」ことになる［ウォーラーステイン一九九二］。

そして、一九二〇年代にアメリカに生まれ、第二次世界大戦後には先進資本主義国に共通のものとなった大衆民主主義において、国家を通じた大衆福祉という合意——広い意味での「福祉国家」というコンセンサス——が、統治秩序を維持する最大の要因になっていったのである。

ところが、一九八〇年代になって、「国民国家優位の国民経済」から「市民社会優位の世界経済」への転換が進むなかで、福祉国家の元祖ともいうべきイギリスにおいて、それまでのような福祉国家を成り立たせていくことがむずかしくなり、国家による統合を維持するために、なんらかの新しいコンセンサスをつくりださなければならない、という事態が生まれてきた。そして、それは、先進資本主義国全体に広まっていったのである。

そうした事態を生みだしたものこそ、グローバリゼーションによって国民国家優位の国民経済が成り立たなくなり、市民社会優位の世界経済が資本主義活動の場になってくるという、「国民国家と市民社会の逆転現象」の背景なのである。

そこで、新しいコンセンサスを求めて、国家は二つの逆方向への模索をはじめる。より大きな単位への統合と、より小さな単位への解体という方向である。現在、実現ないし実現に向かって追求されているもので、より大きな単位への統合は、EU（ヨーロッパ連合）のような国家連合の方向であり、より小さな単位への解体というのは、カタルニアやスコットランドの分離独立、ベルギーの二国家への分割のような方向である。

新自由主義の「社会と国家」像

はじめ、左翼は、福祉国家による大衆統合に反対していた。だが、革命を捨てて社会権の拡大に社会変革を託していった。実は、このことが、今日の福祉国家のゆきづまりに際して、左翼を身動きのとれないものにしている。福祉国家発展のために有効（で実現可能）な左翼独自の改良路線を提起することもできなければ、もともとの福祉国家否定の革命路線にももどれないからである。

ところが、それと相前後して、イギリスから生まれた新自由主義は、大衆民主主義のゆきづまりを打開するために、福祉国家政策を放棄して、社会と国家の新しい関係を追求しはじめていた。

かつての左翼・階級政党に代わって、いま福祉国家に反対しているのが保守革命の旗手、新自由主義者たちだ。では、彼らは、今日の資本主義における社会と国家の関係をどのようにとらえているのか。新自由主義発祥の地であるイギリスの社会学者アンソニー・ギデンズは、新自由主義が考えている社会と国家との関係を、おおよそ次のようにまとめている［ギデンズ一九九九］。

《新自由主義は、個人の自発的イニシアティブを自由に発揮できるような市場を確保すれば、社会の福利を増大させ、市民的秩序が回復される、と主張する。

そこにおいては「経済成長、経済発展に限界などない」とする「近代社会の無限の発展」という展望が描かれている。

そのとき、新自由主義者の多くは、「自由な市場」と「伝統的な家族と国家」との複合による社会秩序を考えている。

この伝統的な国家とは近代ナショナリズムとは性格を異にするものであって、同権によってさまざまな差異を均して統合している福祉国家に対しては、受動的な受益者をつくりだして、社会を頽廃させるものであるとして、解体しようとしている。

福祉国家による統合の代わりに、差異に満ちた自由社会の基底に包括的な共同組織としての「家族」を置き、天蓋に最小限の権力装置としての「国家」を戴く。
そして、福祉は経済成長によって人倫の共同体全体の富を増やし、それが市場を通じて分配されることによって実現される、とする。》

ここで考えられている国家像は——ギデンズがいうように——近代ナショナリズムとは違うものであり、また社会像も近代市民社会とも違う。むしろ古代ギリシアの市民社会に近いものなのである。古代ギリシアの市民社会は、家族を単位とする自由民の基層社会の上に、家族の長である男性家長によって構成される共同体があり、その共同体の意思決定は、それら家長の直接民主制によっておこなわれていた。これが古代ギリシアのポリスと名づけられた都市国家でおこなわれていた民主主義的自己統治という統治形態であった。

新自由主義が考えている統治形態は、これに近い。新自由主義は、少なくともマーガレット・サッチャーが唱えたときには、ヴィクトリア朝時代（一八三七～一九〇一年）のイギリス市民社会を理想として描いていた。そして、ヴィクトリア朝の統治形態は、男性有産市民にのみ参政権が認められている、いわゆる「古典的民主主義」で、現在の普通参政権にもとづく「大衆民主主義」とくらべれば、むしろ——直接民主制ではないという点で大きく違うが——古代ギリシアの民主主義に近いものだった。ヴィクトリア朝時代の有産市民の社会は、家族を基盤に自立、勤勉、質素、倹約、高潔な人格を重んじるものであったが、古代ギリシアのポリス社会から奴隷が排除されていたように、無産の労働者はこの社会から排除されていた。

チャーチスト運動などの結果、一八六七年の第二次選挙法改正によって、制限付きで男性都市労働者に選挙権があたえられるまでは、財産資格が厳しく、全人口の五％程度にしか選挙権がなかった。労働党（レイバー・パーティ Labour Party）ができて、労働者が政治参加するようになったのは、一九〇六年以後のことである。

もちろん、新自由主義がそうした統治形態にもどろうとしているというのではない。しかし、このような統治形態のもとにあった時代を理想視し、それを範型として、そこに今日の時代の社会をできるだけ合わせようとしていることだけは確かだ。そして、それが大衆民主主義とは異質のものをもっていることも確かなのだ。全体として、**新自由主義は新たな「有産者民主主義」の方向を向いている。**彼らは、もちろんそのように明言しているわけではないが、**じっさいの方向性としては、福祉を最低限のものに切り下げることによって、財産をもたない貧困層に対し、その生存は保障しながらも、事実上政治世界から退場するようにしむけ、みずからの財産を通じて社会に責任をもてる者だけで運営できる政治を志向しているのである。**

これは、民主主義の危機を増幅することになる。というのは、先ほどのべたように、大衆民主主義は、大衆のなかから形成されてきた新しい中間層を、中間組織を媒介に国家に統合することによって、統治を維持してきた。だから、これら新しい中間層から成る「中流」が厚い社会こそが、国民国家を安定させることができたのだ。ところが、新自由主義の福祉国家解体は、貧困層を政治過程から排除していくだけではなく、中間組織を解体し中間層を分解することによって、安定要因だった「中流」をも解体していくことになってしまうのである。

こうした現象は、特にブッシュ政権下のアメリカで顕著に見られたが、いまや日本を含む先進国全体に広がりはじめている。この中間層の分解が、先進国において民主主義の危機を増幅する大きな要因となっているのである。

橋下維新のジャコバニズム的発想

それでは、橋下維新運動の政治思想を見てみよう。

それが、橋下批判者によっていわれているようなポピュリズムとは異なる、という点についてはすでにのべた。それでは、いまのべたような新自由主義、特にサッチャリズムの政治思想と似ているのだろうか。

橋下維新の政策は、基本的に新自由主義の影響の強いブレーンたちによって立案されたものので、まったくの新自由主義とはいえないものの、その色彩は濃い。だから、そのブレーンたちの政治思想としては、おそらくは、先に見たような新自由主義の新たな「有産者民主主義」の方向を向いているのではないかと考えられる。しかし、大阪維新の会や日本維新の会の政党としての行動を見ていると、それらブレーンたちの思想とは異なる橋下徹個人の思想が強く反映されているように思えてならない。

そして、その橋下個人の政治思想と思われるものは、ポピュリズムでもなければ、新自由主義でもない。それは——こんなことをいえば奇異に思われるかもしれないが——あえていえば、ジャコバニズムに近いものなのではないかと思うのである。これは、歴史的内容を捨象して、思想として似ているというだけで、もちろん違いもいろいろあるし、比喩的にいっているにすぎないことは断っておきたい。

ジャコバニズムというのは、ご承知のように、一八世紀フランス革命のときに、ロビスピエールに代表されるジャコバン党が、ルソーの人民主権論の影響のもとにかたちづくっていた政治思想である。ジャコバン党には、いろいろな派があったが、ここでジャコバニズムといっているのは、そのなかでもロビスピエールらが中心になったモンターニュ派の政治思想を指している。

彼らの思想で何より特徴的なのは、国家を組織する際に構成員の平等の徹底的追求、強制的平等化を追求するところにある。それによって、個人は「所有権を基軸とする自由権をもった権利主体」という存在に純化され、そのような存在にとっては、自由と平等はそのままで両立するのである。そこまで理念的な純化をおこなうのだ。そのようにして、アンシャン・レジーム（旧体制・旧秩序）の徹底的解体をおこなったのである。

このように平等化が徹底したものであるだけに、平等な構成員は、なんの媒介もなく国家に統合される。だから、国家と個人を媒介する中間組織のたぐいは、いっさい必要とされず、むしろ平等化と統合を阻害するものとして解体される運命にある。まったく自由と平等である個人がそのまま結合するのだから、一般意志は透明なかたちで形成され、非常に中央集権的な国家が出来上がることになる。

そして、このような国家がつくりだされることによって、市民社会における自由な市民が、そのまま、政治的国家における平等な公民になるのである。それが国民なのだ。その意味では、国民が国家をつくるのではなくて、国家が国民をつくるということになるわけである。

橋下の政治思想は、これと似ているように思われる。ただし、それは、新自由主義の政治思想のような、「家族」を基礎にした自律した有産市民による政治という発想ではなくて、「大衆」の欲望を基礎に、そこに生まれる力を無媒介的に国家に結びつけるという発想によっているのではないか、と私は思っている。

大統領制の日本共和国連邦

橋下維新の統治機構改革が、分権自治改革のようなかたちを採りながら、じっさいには、道州制を通じた日本国家の分割、地域国家創設の方向性をもったものであることは、すでに見たとおりである。それは、基礎自治体における自治から再構築していく下からの統治機構改革ではなく、上から国家を分割して再構築するものなのだ。

さらには、「維新八策」で提起している首相公選制の実施、一院制ないし衆院優位制、議院内閣制の否定という方向も、それに合致している。

橋下は、二〇一二年一月、「維新八策」構想を練った会合で、「議院内閣制では限界がある。首相公選制が必要だ」「物事が決まらない政治を変えるには、決まる装置に変えないといけない」と語ったと伝えられている。また、二〇一〇年七月一四日には民主党の参院選敗北を受けて「大統領制は天皇制に反するので、憲法を改正して首相公選制を目指すべきだ」とも語っている［産経二〇一二］。

このような発想は、国家と個人を媒介する中間組織を排除して、国家権力中枢と人民の意志が直接結びつくべきだというジャコバニズム的思想のあらわれといえる。橋下は、ばらばらの個人の集合としての大衆を集権的国家に直結させるために、もはやそれができなくなっている全体国家をいったん分割して、道州制地域国家をつくろうとしているのだ。また、そのためにも、中間組織を無力化し、さらには解体して、個人と国家を直結させようとしているのである。分権された国民に直接支えられた小さいが強い国家の連邦——それが結局のところ橋下の国家像なのではないかと思う。

その構想がゆきつく先は、終局のところ、大統領制の日本共和国連邦、ユナイティッド・ドウシュウステイツ・オブ・ジャパンなのではないか。ブルターニュに発したパリ・ジャコバンが、フランス国民議会を支配し、さらにナポレオン戦争を推進してヨーロッパ共和国へと突き進んだように、大阪に発した橋下維新が、関西州へ、さらには公選首相による大統領制的日本共和国連邦へと進んでいこうとしているのは、政治思想的には当然の帰結であろう。

中間組織を排除した大衆と権力の直結

橋下維新においては、そうした新しい国家を構成しうる権利主体を設定するために、現在存在する中間組織を排除し、解体する方向が追求されている。

たとえば、旧来型の中間組織である町内会（大阪では地域振興会と呼ぶ）への交付金打ち切り、さらには連合組織解体もめざされていると一部ではいわれている。橋下市長は、就任早々、市が町内会連合組織「地域振興会」へ支出する交付金について、「ばらまきになっているのでは」として「いったん凍結する」との考えを示し、「〔連合組織自体が〕選挙マシンになっていないか、メンバーやお金の使い方を根本的に見直す」として組織の活動内容や交付金の使途の検証を進めている。

また、大阪市の市役所職員・交通労働者の労働組合に対して、組合事務所退去、物品置き場提供の打ち切り、強制アンケート調査、メール調査などの規制と圧迫を強めている。さらに、教育行政基本条例、府立学校条例、職員基本条例などの制定、府立桜宮高校の体罰問題での入試中止措置発言など、学校教育の現場に対する行政の直接介入、学校単位の自己決定に対する制限が進められている。

選挙で選出されることによって民意を体現した者が、オールマイティだという考え方も、たびたびいろいろなかたちで示されている。二〇一二年一二月の総選挙で自民党が大勝したあと、国会での首班指名投票で、日本維新の会は自民党党首の安倍晋三に投票すべきだとした橋下の一見奇妙な発言も、このようなコンテクストから見るならば、単に安倍政権にすり寄るというような意図ではないものだったことがわかる。

このように、総じて、橋下の政治思想には、前にふれたように、「公の権力と民の平等の直接結合」というような思想が見られるのである。

知識人は、橋下には国家理念がない、政治理念がない、という。確かに、橋下は理念から出発するのではなく、基本的に状況対応力に頼りながら、政治的スタンスを形づくってきた。だが、そうであったとしても、もともと橋下の発想には、国家権力獲得によってしか目標が実現しないようなロジックが潜んでいたのではないかと思われる。これは、橋下個人の問題ではなく、近代国家のもとにおいては、何らかの体制変革、社会変革を本気で考えようとすると、必然的に権力をとらねばならないという革命の宿痾《しゅくあ》が潜んでいるのではないか。

左翼のプロレタリア革命、右翼の保守革命がそれぞれ破産したあと、いまその宿痾の症状を典型的に示しているのが橋下徹なのではないか、という気がしている。

そして、その権力奪取のための運動は、橋下批判者たちがいうような「民主主義否定」のポピュリズムなのではなく、今日の大衆民主主義のゆきづまりを打破するために、大衆民主主義の枠組はそのままに、ジャコバニズムの人民主権論と同じ構造の「大衆主権」にもとづいて大衆民主主義の原理的再建をもくろむ、「ジャコバニズムの大衆版」だと見るべきなのである。

これは「独裁」なのか?

フランス革命におけるロビスピエール体制が独裁だったという意味では、過渡的には独裁かもしれない。しかし、ロビスピエール体制が、原理的には人民の民主主義的独裁だったという意味では、橋下維新も、大衆の民主主義的独裁をめざすものなのである。

橋下は「独裁」といわれることを恐れていない。

「いまの政治に必要なのは独裁」と発言してはばからない。

「今の日本の政治に必要なのは独裁。チェックするのは議会、選挙、メディア。このバランスのなかで政治は独裁しないといけない」(二〇一一年六月一一九日、後援会の政治資金パーティーのあいさつで)

この独裁必要発言から、「独裁者」「ハシズム」といった批判が相次ぐようになったが、むしろそれは、橋下の戦略に乗ったものだ、と元三重県知事の北川正恭はいう。

「〔(反橋下陣営は)独裁という言葉に引っかかった。それで勝負あった。独裁者は独裁という言葉を使わないわけで、橋下さんの巧みな用法だ。『私は独裁的に(旧弊を)断絶する、相手は継続だ』という主張を見事に表現した」〔産経二〇一二〕

そして、じっさいに、橋下は「独裁という言葉だけをとらえて、反独裁としか言わなかった既成政党に有権者は飽き飽きしている」と言い放ち、今日の大衆民主主義のゆきづまりに対処しようとしない独裁批判者を「旧弊維持」「既得権擁護」勢力と見なさせることに成功したのである。

それは、けっして反民主主義ではない。むしろ、危機に瀕した大衆民主主義の再建を志向しているものと考えられる。いま、右から左までおよそリベラル・デモクラシーを信奉している人たちにとっては、反民主主義と見えるのだろうが、そうではない。**もはや国民国家というかたちでは再建できない民主主義を、国民国家という形式から解き放ち、道州国家とい**

う国民にとって直接コントロールしやすく見える新しい国家を創設して、主権を建て直し、それによって大衆民主主義という統治形態はそのままに、民主主義を再建しようとしているのが、統治機構改革としての橋下維新の意味なのである。

しかし、橋下維新が進めている大衆の民主主義的独裁そのものが、今日の大衆民主主義の腐敗・堕落の結果からそのまま生みだされているものなのであって、そこからもたらされるのは、大衆民主主義のディレンマを解決できないままに、むしろそれを新たなかたちで激化させる新しい大衆支配にほかならないのである。

大衆の民主主義的独裁

ばらばらの個人の集合と化した大衆を、橋下は、どのように国家と直結させせようとしているのか。

それは、選挙において白紙委任を調達することによってなのである。

橋下は「今までのマニフェスト選挙は間違っている」といって、「有権者は、政治家の方向性や、今までやってきたことを見て、ある種の白紙委任をし、政治家は裁量の範囲で総合的に判断していく。これが政治だ」といい放つ［産経二〇一二］。

今日の大衆民主主義のもとにおいて、結合された個人ではなく、ばらばらの個人が、「自由で平等な権利主体」として政治的意志を表明するために集合する機会は、事実上、ただひとつ、公職選挙しかないといっていい。結合された個人は、中間組織を媒介に、さまざまなかたちで政治的意志を表明することができるが、ばらばらの個人は、実質的には暴動に参加するか、投票所に行くかしかないのである。だから、橋下は、選挙で選出された者こそが一般意志の体現者であると主張しうるのである。あとは、先ほど引いた橋下発言にあるように、メディアと議会のチェックを受ければいい、選挙されなかった者、大衆の政治的意志を体現しているといえない者は黙っておれ、というわけだ。

だから、橋下の口から、「僕はどういう理由があったとしても公務員は政治家の決定に従わなくてはならないと思う」「職員には、行政的な視点からどんどん意見してもらいたいですが、職員が民意を語ることは許しません」といった発言がでるのである〔産経二〇一二〕。

これは、かならずしも反民主主義ではない。また、有産者民主主義のような反大衆民主主義でもない。むしろ、大衆民主主義のディレンマを逆手にとり、大衆民主主義における大衆の依存性を逆手にとって、大衆民主主義という枠組のままで、つまり大衆という基盤、民主主義という統治形態はそのままに、「大衆による、大衆のための、大衆の政治」を守りながら、しかし、単なる継続的維持という保守的な姿勢ではなく、断絶的刷新という革新的あるいは革命的な姿勢によって、その危機の突破を図ろうとする企てなのである。

だが、それが成功したとしても、それによって、大衆民主主義は装いを新たにするだけで、そのディレンマを突破することはできず、腐敗していくしかないのが、歴史的事実である。

自民党↓民主党↓自民党　揺れ動く大衆の重心

ジャコバニズムにはじまり、それが進化してつくりだされた古典的民主主義と今日の大衆民主主義との違いは、公衆（パブリック）を基盤にしているか、大衆（マス）を基盤としているかにある。

この場合の公衆《パブリック》は、有産者で、みずから所有する財産の使い方を通して社会に対して責任を果たすという自覚をもっている（とされた）存在。それに対して、大衆《マス》は何らかの同質性をもった階級でも階層でもなく、それ自体で単なるフラットな広がりであり、ぶよぶよしたスライム（軟泥）状の塊《かたまり》であって、そこには部分の間に相互の結合がない。

かつて一九六〇年代の「大衆社会論」では「砂のような大衆」を指導者が動員するというイメージが語られたが、そうではなくて、このスライム状の塊は、その重心が移動するにつれて、右に左に、前に後ろに揺れ動くのだ。その重心の移動が「世論」といわれ「民意」といわれるもので、それ自体を指導者が恣意的に動かすことはできないが、重心がどこにあるのかを見抜けば、その重心を動かす働きかけはできるわけだ。

それでは、今日の日本社会において大衆の政治的重心はどこにあるのか。

二〇〇〇年代に入ってから、日本の大衆の政治的重心は大きく揺れ動いてきた。まず最初は、二〇〇一年、小泉政権の新自由主義改革の方向へ、続いて、これの反動として、二〇〇九年、民主党政権を実現する方向へ、そして、これを見限って、二〇一二年、ふたたび自民党政権へもどる方向へ。

ここで注目すべきなのは、自民党→民主党→自民党という重心移動がどのようにもたらされたのか、ということだ。まさにこの政権交代のメカニズムを、一〇年ごとにおこなわれるもっとも大規模で包括的な社会階層・社会移動（Social Stratification and Mobility）に関する全国調査（略称SSM調査）にもとづいて分析した論文がある。この論文で、政治社会学の小林久高は、さまざまな分析にもとづいて次のように結論づけている［小林二〇一二］。

政権交代をもたらしたのは、自民支持周辺層（含民主）と民主支持周辺層（含自民）の動きだった。この「自民支持周辺層（含民主）」というのは、自民党を支持しているが、それだけでなく民主党にも好感をもっている層を指し、「民主支持周辺層（含自民）」は、民主党を支持しているが、それだけでなく自民党にも好感をもっている層を指している。これらの層は、属性としては、どちらも、「学歴が高い」「所得が高い」「福祉を志向しない」「古いやりかたに対して拒否するわけでもこだわるわけでもない」「専門家をある程度評価する」「投票行動に熱心」というような点で共通している。この二つの層が、二〇〇五年の郵政選挙のときには、いずれも小泉支持に動き、二〇〇九年の総選挙のときには、いずれも民主支持に動いたことが、それぞれ自民・民主の圧勝をもたらしたのではないか、というわけなのだ。

「2005年の自民党の圧勝を支えたのは、劇場政治に翻弄された『政治から疎外された人びと』ではなく、新自由主義的な立場にいた比較的豊かな層だったのではなかろうか。そして、2009年の民主党の圧勝も、ブームに踊らされた人びとの動きというよりも、豊かな層の改心が中心になっているのではなかろうか」［小林二〇一二］

この高学歴・高所得・非福祉志向・専門家支配容認・親新自由主義のアッパー・ミドル層、この層が日本の大衆社会の政治における重心になっているのである。この層が動くと、政治的

重心が移動して、政権交代すら実現するのだ。

そして、第I章で見たように、大阪維新の会は、二〇一一年、まさしく大阪におけるこの層の支持を獲得することによって、圧勝したのである。つまり、橋下維新は、大衆の政治的重心をとらえているといってよい。

2 メディアの変容のなか脱近代へ向かう日本社会

関係を媒介するものがメディア

いま日本社会は大きな変化の渦中にある。その大きな変化の諸相について考察してきた。重要なことは、これらさまざまな変化が、ある根本的なところで同じ根からでており、したがって、おたがいに関連しあっているということだ。だからこそ、いまさまざまなかたちであらわれてきている変化は、相互に作用しあいながら、日本社会の根底を変える深い変化として進行しているのである。橋下維新、それに反対する人たちの営み、その両方は、それぞれ、この日本社会の根底の深い変化に、どう対応しえているのだろうか。日本社会の根底は、どこにあるのか。それは日本経済にあるのか。それとも日本国家のありかたにあるのか。あるいは日本文化にあるのか。

社会とは、社会制度や社会組織である以前に、何よりも人と人との具体的な関係のことにほかならない。その関係のありかた——関係態——こそが社会というものの根底なのだ。その関係態から社会組織が生まれ、社会制度が生まれ、それが経済や政治の機構の基礎になっていく。

この人と人との具体的な関係は、最初は直接的なものだが、すぐに直接的な関係だけではなく、間接的な関係が必要になる。間接的な関係において、人と人との間に関係を媒介するものが必要となる。その媒介するものが「メディア」と呼ばれているものなのである。

メディアというと、いまではもっぱら新聞とかテレビとかのコミュニケーション・メディアのことを指しているが、もともとは〈人と人との〉「中間」にあるもの、〈人と人とを〉「媒介」するものという意味で——「中間」「媒介」という意味のラテン語 medium に由来する——、そういう働きをするもののすべてを指すことばなのだ。

そして、社会が根底から変わるときに、このメディアが変わるのである。社会の根底とは、つまるところ人と人との具体的な関係のありかたであり、その関係は、ほとんどすべてがなんらかの媒介するもの、すなわちメディアの働きによっているのだから、社会が根底から変わるときとは、メディアが変わるときということと同義なのである。

メディアの変容が意味するもの

このとき、関係のありかたが変わるからメディアが変わるのか、メディアが変わるから関係のありかたが変わるのか、というのはむずかしい問題を含んでいる。というのは、どちらも成り立ちうるからだ。貨幣というメディアが生まれたから商品交換という関係態が生まれたともいえるし、商品交換という関係態が必要になったから貨幣が生まれたともいえる。印刷技術の発明によって印刷物というメディアが生まれたから聖書が一般に広く読まれるようになり、聖書によって結びつく関係態ができていったのだともいえるし、聖書によって結びつく関係態をつくろうという宗教改革運動が印刷された聖書を広めることによって印刷物というメディアを社会的に確立したのだともいえる。

だから、人間どうしの関係態とそれを媒介しているメディアとは、どちらが先でどちらが優位なのかは簡単にいえない。しかし、どちらにとっても一方がなければ他方が成り立たないという密接な相互関係にあることは確かだ。そういう密接な関係にあるために、人間どうしの関係態の変化、ひいては社会変化の集約的表現はメディアにあらわれるのである。逆にいうなら、メディアの変容の様相を確かめていけば、そこに社会の根底的変化のありかが浮かび上がってくるということもできる。

そして、じっさいに、いま日本社会において、メディアの大きな変容があらわれてきているのである。そこで、政治的・経済的・文化的なメディアの変容から日本社会を見てみることにしたい。

ここでいう「文化的メディア」とは、新聞・雑誌・テレビ・ラジオといった伝達媒体、つまり狭い意味でのメディアのこと。また、「政治的メディア」とは、人々の要求・意見と政府(中央政府・地方政府)の活動とを媒介する、政治団体・政党といった政治媒体のことであり、「経済的メディア」とは、人々の欲求・需要と市場の商品・サーヴィスとを媒介する貨幣・有価証券などのマネーを指す。ここでは、これらの媒体に限って考えてみる。

マスメディアの崩壊と電子メディアの台頭

日本における新聞・雑誌・テレビ・ラジオといった伝達媒体をめぐる状況を見ると、

一九九〇年代の雑誌メディアの衰退に続いて、二〇〇〇年代には新聞・テレビという主力マスメディアの衰退が目立ってきた。それに代わってどんどん伸びてきたのが、主にインターネットを介した電子メディアだ。

『世界』や『展望』や『朝日ジャーナル』が、パブリック・オピニオンをリードしているような時代はとっくに終わったが、それだけでなく、朝日・毎日・讀賣新聞といった全国紙、フジ・日テレ・TBSといった全国ネットが読まれなくなり、観られなくなり、影響力を急速に失ってきている。特に若者の間では、新聞離れ、テレビ離れが著しく、新聞を購読していない、テレビ受像器をもっていないというのが、いまでは普通になっている。

それでは、何を読み、何を観ているのかというと、ニュースや社会状況についてはインターネットのポータルサイトなどを通じて、さまざまな電子版サイトのニュースや論評を読んだり、あるいはユーチューブやニコニコ動画（ニコ動）のような動画投稿サイトで生映像を観たりして、そのうえで2チャンネルのようなBBS（ブリテン・ボード・システム、掲示板）、フェイスブックやツイッターなどのSNS（ソーシャル・ネットワーク・システム）で、ほかの人たちの意見を見たり意見交換をしたりして、自分の見方を定めているのである。

こうしたメディアの変容は、人と人との間のコミュニケーション関係のありかた、それを通じた人々の意見形成のありかたを大きく変えている。

コミュニケーションは、発信者と受信者が単数（1）か複数（N）かによって、発信者が単数で受信者が単数（1：1）、発信者が単数で受信者が複数（1：N）、発信者が複数で受信者が複数（N：N）の三つに分けられる。

また、伝達媒体は、日記やメモ、手紙や身辺雑記のブログのような少人数の人たちに向けた情報発信のメディアである「パーソナルメディア」、特定の関心、利害、専門、専業を共有するある程度の規模をもつ集団（業界、学界、趣味界など）の人たちに向けた情報発信のメディアである「ミドルメディア」、不特定多数の膨大な数の人たちに向けた情報発信のメディアである「マスメディア」の三つに分けられる。

これまでの近代社会における伝達媒体を圧倒的に支配していたのは、これらの分類から見れば、1：Nメディアでありマスメディアだった。その代表が新聞・テレビだ。こうしたメディアは、前に「小さな政府」と「大きな社会」に関連してのべた特徴からいうと、マルチメデイアではなくユニメディアであり、オン・ディマンドではなくオン・スケジュールであり、ユーザーサイド・イニシアティヴではなくサプライサイド・イニシアティヴである。つまり、中央にある大きなマスメディアが、文字情報・映像情報など単一の情報を（ユニメディア）、発信側が決めた時間・規格どおりに（オン・スケジュール）、発信側が知らせたい内容に加工した情報を一方通行で（サプライサイド・イニシアティヴ）流す、というものだった。総じて、「欲しいものを、欲しいときに、自分の意思でえられる」ような情報通信ではなかったのである。

これに対して、電子メディアとそれが創りだしたさまざまな情報通信システムは、N：Nメディアであり、パーソナルメディアないしミドルメディアであって、それまでのマスメディアとは逆に、「欲しいものを、欲しいときに、自分の意思でえられる」情報通信環境をもたらした。そして、このような電子メディアが普及するにつれて、マスメディアの崩壊がはじまったのである。マスメディアの衰退は、すでに一九八〇年代からはじまっていたが、二〇〇五年くらいから最終的な崩壊過程に入ってきたと見てよい。

この崩壊の要因として、メディア問題にくわしいジャーナリストの佐々木俊尚は、二つのことを挙げている。「第一に、マスメディアの『マス』が消滅し始めていること。第二に、メディアのプラットフォーム化が進んでいること」［佐々木二〇〇九］。このうち「マスの消滅」については、「分散した大衆から結合した分衆へ」の項でのべたとおりだ。では、「メディアのプラットフォーム化」とはどういうことなのか。

新聞を例に採ろう。佐々木によると、これまでの新聞は「記事を書く人」「新聞紙面を作る人」「紙面を印刷する人」がすべて同一で、新聞社という企業の社員が記事を書き、紙面を作り、印刷して販売店に配達しているという垂直統合のかたちをとっていたのだが、この新聞記事という「コンテンツ」と新聞紙面という「コンテナ」と販売店という「コンベヤ」がばらばらに分解されて水平分散する方向に移行しはじめている、というのだ。それが「プラットフォーム化」ということだ。テレビでも同様のことが起こっていて、テレビの場合は、番組がコンテンツ、テレビ画面がコンテナ、コンベヤが地上波・衛星放送・CATVということになる。

このコンテンツ、コンテナ、コンベヤが分解して、それぞれ別の主体によってになわれるようになったのがプラットフォーム化で、そのうちビジネスの上でもっとも重要な要をなしているコンテナが、Yahoo!（ヤフー）やGoogle（グーグル）のようなインターネットメディアに奪われるようになった（たとえば新聞を購読しないでもインターネットのヤフーやニコ動などのポータルサイトのニュース一覧を見て電子版に飛べば、記事が読めるということになる）のが、マスメディア崩壊の直接的原因なのだ。

そして、「非常に重要なことは、このように垂直統合がバラバラに分解して、水平分散していくという構造は、マスが消滅してひとりひとりの圏域が分散していく状況にすばらしくマッチしているということだ。いや逆に、マスが消滅してほんとうの意味での『少衆・分衆』が生まれているからこそ、水平分散が後押しされているということもいえるのである。つまりマスの消滅とプラットフォーム化は、表裏一体の現象なのだ」と佐々木はいう〔佐々木二〇〇九〕。じっさいに、そのとおりの過程が進行していて、「分散した大衆」にマッチしたマスメディアに代わって、いま、「結合した分衆」にマッチした「ミドルメディア」が急速に台頭しているのである。その代表がSNSでありBBSであるわけだ。

近代的「知の権力」の衰退と橋下維新現象

橋下維新現象には、実は、このメディアの変容が作用している。

辺見庸が「『橋下徹はテレビがひり出した汚物である」と講演でいったそうで、それを受けて佐野眞一が「橋下の言動は、すべからくテレビ視聴者を相手にしたポピュリズムでできている」と書き(註14)、橋下を批判する知識人・文化人は、申し合わせたように橋下現象をテレビメディアの産物としてあつかった。しかし、そうではないと思う。橋下徹がテレビ番組出演で有名になり、コメンテーターとして人気を博したのは事実だが、芸能人としての人気ではなく政治的な支持を集めるうえで彼がもっとも依拠したのは、ツイッターとニコニコ動画なのだ。**橋下徹ほど巧みに徹底して電子メディアを使った政治家は、日本ではいない。その意味で、彼は「テレビの汚物」ではなく、「インターネットの申し子」なのである。**

橋下徹は、ツイッターで一〇〇万を超えるという膨大な数のフォロアーをもっており、ニコ動で配信された記者会見などの実況動画は数万という再生数を数えている。(註15) また、大阪維新の会、日本維新の会は、党員、党幹部との意見交換、討論、政策形成にSNSを駆使している。これによって、常時、迅速な意見交換や討論ができ、短い時間で必要な政策決定がなされたのである。このように、橋下維新は、新聞・テレビよりも電子メディア、マスメディアよりもミドルメディアに重点を置き、急速に進行しつつあるメディアの変容の波に乗って支持を伸ばしてきたのだ。だから、橋下維新の政治的コミュニケーションは、スピードが速く、具体的で、応答によってどんどん変わっていくフレキシビリティをもっている。そして、そ

註14　佐野眞一「ハシシタ　奴の本性」第一回、『週刊朝日』二〇一二年一〇月二六日号

註15　これを書いている二〇一三年四月二〇日現在で、ｍｅｙｏｕの調査によると橋下徹のツイッターのフォロアー数は一〇二万四〇一六で全国一四位（芸能人を除くと孫正義に次いで二位）、またニコ動配信二〇一二年五月八日の記者会見の再生数は四五万八九一〇にのぼっている。

れがメディアの変容を受け容れている人たちにはマッチしているので、中身はおいても、まずやりかたが共感を呼んでいるわけなのだ。

自分が私有する知的所有物を切り売りしてきた知識人

その一方で、橋下批判をおこなってきた知識人・文化人たちは、「テレビがひり出した汚物」といった時代遅れな認識に示されるように、このメディアの変容をとらえることができず、その波にすっかり乗り遅れているのである。彼らが発信するオン・スケジュールでサブライサイド・イニシアティヴの言説は、メディアの変容を積極的に受け容れている人たちには、教化的で権威主義的なものに見えてしまうのだ。反対に、彼ら知識人・文化人たちにとっては、ＢＢＳやＳＮＳにあらわれる言説は、自己本位で客観性を欠いた、刹那的で首尾一貫性のない雑言に見えてしまうのである。

この落差、すれ違いをよく表していたのが、当代の代表的知識人・文化人である山崎正和が書いた「情報の電子化」という一文だ。(註16) そこで山崎は、次のようにのべて、電子メディアの台頭に警告を発し、マスメディアの代表としての新聞の役割を強調している。

現にブログもツイッターも人の一回の発信量を短くし、短い断片的な文章になじんだ若者を生みだしている。どちらも粘り強い論理的な発言には不向きであり、刹那的で情緒的なやりとりを誘いやすい。携帯電話メールにいたっては、日に数十回も送受信する高校生がいるというが、これでは内容は空疎どころか、朝夕の挨拶以上のものになるのは難しいだろう。……

今日の新聞の役割は社会的権威の是非はもちろん、日々の事件についてもその重要性を判別し、多忙な現代人が最低でも知るべき情報を限定することだろう。専門分化の進む社会の中で、万人が共有すべき知識を選別することである。……

時流に反した言い方だが、言論の自由とは誰でも好きなことを好きなように書く自由ではない。電子出版はそれを可能にしたようだが、これは議長のいない大衆討論のようなものであって、言論が言論を打ち消しあう効果を招くだけだろう。

註16　山崎正和「情報の電子化」、『讀賣新聞』二〇一〇年八月八日朝刊「地球を読む」欄

この山崎の論にあらわれているように、言論は、それをあつかう資格のある権威ある者が、

万人が知るべきものを選びだし、それを広めることによって成り立つのであって、好き勝手なことを書いたり討論したりするのはかえって言論を消滅させてしまう、というのが、今日の日本の知識人・文化人の多くが懐《いだ》いている考え方なのではないか。

そして、そのように考える背景には、彼らがとらわれている近代的な知識観がある。山崎がいっていることは、けっして妄言ではなくて、近代においては常識であったことをいっているにすぎないともいえる。近代的な知識人・文化人は、これまでずっと、情報、知識、学識、教養は、ちょうど書斎の書棚に並べられた本のように、個人の頭脳の整理棚に収納された私的所有物であるかのように考えてきたわけだ。彼らは、そのように自分が私有している知的所有物を、新聞、出版などのマスメディアの審査を通して読者に切り売りすることを職業としてきた。

それは、山崎正和のような基本的に体制的な知識人・文化人だけでなく、反体制的あるいは体制に批判的な知識人・文化人も同じである。彼らも同じような近代的知識観にもとづいて、やはりマスメディアの社会的権力を通じて活動してきたのだ。だから、彼らもまた山崎正和的なメディアの世界に住みつづけようとしているのではないか。そして、それを認めない橋下徹のような存在にいらだって、イデオロギー以前にまず反発しているというのがほんとうのところだろう。

そして、このような「情報、知識というものは、知的エリートである知識人・文化人が、豊かな学識、教養にもとづいて発信し、権威あるメディアがそれらを審査して選別し、受信者である大衆に届けるものだ」という構造――発信者と受信者が分離された1：Nメディアの構造――が、ミシェル・フーコーが近代権力の特質だとした「知の権力」を支えてきたのではないか。そうであるがゆえに、マスメディアは、立法権力、行政権力、司法権力を監視する役割をもち、さらにはそれらの権力行使に社会的正当性をあたえていく「第四の権力」と呼ばれるものになっていたのではないのか。

インテリジェンスの開放と知の自己統治

ところが、いま電子メディアを通じてあらわれてきたのは、だれもが発信でき、だれもが受信できる、発信者と受信者が融合されたN：Nメディアの伝達構造なのだ。そこに現出しているのは、確かに、山崎正和が指摘しているように、邪路に走ったさまざまな知見の断片がそのまま放りだされている状態だ。しかし、それはまた創見に満ちたさまざまな知見が諸個人に直接開かれている状態でもあり、「欲しいものを、欲しいときに、自分の意思でえられる」情報環境なのである。それは、メディアの変容によって起こっている、もはや押しとどめがたいインテリジェンスの民衆への開放を市場統制しようとしてもできはしない。もともと、マスメディアのオーディエンスもアクティヴだったのだが、そのアクティヴィティをN向けに発信する手段がまったく限られていたのだ。今日のメディアの変容は、その手段を万人に提供したのである。この状態を積極的に活かしていかなければならない。

その意味で、新聞・テレビの終わりは、近代知識人・文化人の終わりを告げるものであり、近代の知の権力の終わりを告げるものになろうとしているのだ。

そして、それに代わるN：Nメディアの伝達構造のなかで注目されるのが、この構造が特に促進している、特定の関心、利害、専門、専業を共有するある程度の規模をもつ集団（業界、学界、趣味界など）の人たちの間をつなぐミドルメディアである。このミドルメディアの発展と連携のなかから、知的「コモン・グラウンド」（共有知・共通基盤）がつくりだされていくなら、それは近代の知の権力、大衆社会のマスメディア権力による支配に代わる、分衆による知の自己統治秩序の形成に向かっていくことができるのではないか。

橋下維新のコミュニケーション手法は、この体制側・体制批判側両方における知の権力の崩壊に乗って、それを促進しながら、支持を伸ばすことに貢献してきた。それが、先ほどふれたような注目度の高さにあらわれている。しかし、先に見たように橋下自身の思想が「ジャコバニズムの大衆版」であって、根本的には近代の私的所有権中心の考え方をしているので、マクファーソンがいう「所有的個人主義」〔マクファーソン一九八〇〕を抜けでることができず、かえってミドルメディアの自己統治を阻害するものになっているといわねばならない。この傾向は、維新の会が全国政党化してからはっきりとあらわれてきている。

もう一度大阪にもどって、現場から運動を再構築するなかで考え直してほしいと願う。

政治媒体の変容——マスメディア政党からミドルメディア政党へ

「文化的メディア」としての伝達媒体の変容について、いささか長々とのべてきたが、それは、そこに見られるメディアの構造とその変容が、先に挙げたもう二つのメディア、すなわち「政治的メディア」としての政治団体・政党といった政治媒体、「経済的メディア」としての貨幣・有価証券などのマネーの場合と共通するところが少なくないからだ。その共通する面が、おたがいに関連しあいながら、近代から脱近代への社会の大きな規模と射程での変貌を媒介しているのである。

特に政治媒体については、伝達媒体の場合とほとんど同じといっていいような状態が観察される。先ほどメディアのコンテンツ、コンテナ、コンベヤについてのべたが、政治媒体の場合、これらが次のようになっているように思われる。

（政治媒体）	（コンテンツ）	（コンテナ）	（コンベヤ）
政治運動団体	運動方針	大衆運動	大衆組織
議会政党団体	政策	議会	党・後援会組織

これを議会政党で見るならば、「橋下維新を生みだした日本社会の構造変化」の節で見たように、かつては、このコンテンツ、コンテナ、コンベヤが垂直統合されていたのが、一九九〇年代から水平分散の方向での移行がはじまっていたのだ。重要政策（コンテンツ）が一致しない諸集団が一つの政党に集合していたり、それが一致しているのに別の政党に分かれていたり、議会（コンテナ）運営の指導と党（コンベヤ）運営の指導とが乖離していたり、それぞれがばらばらになっていく傾向が目立ってきた。

このような水平分散化は、すでにのべたように、日本の政党は「機能集団が共同性を通じて機能性を発揮する」という日本型組織の原理で垂直統合されていたのだが、その組織原理が、グローバリゼーションと国際化のなかでうまく働かなくなってきたために起こってきたのだ。もともと政治理念や政策構想が一致していない諸勢力を、日本型組織原理で結合することによって包括的合理性を発揮してきたのが、もはや通用しなくなってきて、垂直統合できなくなり、水平分散していったのである。そしていまは、さまざまな政党・党派が、何はともあれ、議会というコンテナを獲得できる多数派をどう形成するかのみに腐心し、それによってプラットフォームを支配することだけを考えているような状況になってしまっているのではないか。この構造は、新聞・テレビの終わりと基本的に同じである。

また、発信者と受信者の関係で見ると、かつては発信者（政治家）と受信者（有権者）が分離された1：Nメディアの構造であったのが、いまはそれが崩壊しはじめていることがわかる。つまり、かつては、ちょうど知識人・文化人が、情報・知識を学識・教養にもとづいて整理して、それがマスメディアによって選別されて発信されていたように、政治においては、政治家・運動家が、要求・意見を政治的見識・思想にもとづいて整理して、それが政党・政治団体というメディアによって選別され統合されて政策として発信されていたのだ。そして、市民・有権者は、それを受信して、みずからの政治的判断を投票というかたちで表明し、その結果支持された政策が施策、制度として実現されてきたのである。その意味では、かつての政党は比喩的な意味でマスメディア政党だったといえる。

ところが、その構造が崩れてきた。要求・意見を統合して政策化する機能を、全国政党が充分発揮できなくなったのだ。なぜかというと、既存全国政党の場合、形式上ではともかく、実質においては地域と業界の利益誘導を日本型組織原理によってまとめあげるという統合システムになっていたからだ。それは、主権にもとづく自己統治という民主主義の組織原理とは異質のもので、その組織原理が働かなくなったとき、もはや本来の主権型自己統治の組織原理を再確立するというような迂遠《うえん》な原理的再建はなしえなくなっていたのである。

こうして、「二大政党」制が実現できないばかりか、「第三極」なるものも形成できず、「多極化」ならぬ「無極化」に向かっているのが、今日の日本の政党政治の状況というわけだ。「無極化」ということは、政治状況がN：N状況になってきているということである。そういうなかで期待されるのは、依然として1：Nメディアにもとづく「新たなマスメディア政党」をつくることではなく、N：Nメディアにもとづく「多元的なミドルメディア政党」による要求・意見の政治意思への媒介なのではないのか。

ローカルな政治のメディアをつくりだす

そのような政治媒体、政党メディアは、どのようにしてつくりだすことができるのか。それは、地域という意味でも現場という意味でもローカルな場の要求・意見を、ローカルな政治意思へと媒介しようという試みのなかからつくりだされていくのである。

そのような政治媒体、政党メディアは、国家権力、中央政府レヴェルの主権をめぐる政党のありかたとはまったく違ったものになるはずだ。それは、伝達メディアにおけるマスメディアとミドルメディアの情報の流れの違いから見れば、よくわかる。

インターネット上のSNSやBBSというミドルメディアを見ていると、同じ利害、関心、嗜好でつながった人たちが、さまざまな情報、知識を伝えあい、意見交換しあい、議論しあっている。しかも、それが公開されているから、閉鎖的ではない。そこでは、簡単に結論がだされたりしないが、結論をだすことが必要になれば、非常に高度な合意が得られる場合が多いと思う。それは、それまでの過程で、日常的に非常に手間暇かけて議論が積み重ねられてきているからなのだ。それこそが、1：Nメディアであるマスメディアとは異なる、N：Nメディアであるミドルメディアがもつ特質といってよい。

そのようなミドルメディアがインターネット空間からリアル世界に持ちだされたと考えてみれば、それは、かつての村落共同体の寄合での談合に似ていることがわかる。

徳川時代のムラの寄合は、名主・組頭・百姓代の村方三役（支配の方から見れば行政末端機構だが、百姓の方から見れば互選で選ばれた自治役員）が役員になって、本百姓だけでなく水呑百姓までムラの構成員全員が集まる。一揆を組む場合のような緊急・重大な問題では「多分の儀」、つまり多数決を採ったが、それ以外はすべて全員一致するまで談合がおこなわれた。今日の町内会も、基本的に、これと同じ。ただ、今日の町内会は、かつてのムラの寄合とくらべると、同じ地縁的な結合であってもボランタリーな度合いがずっと高い半面、自治の程度がはるかに低く、決定権限の幅がずっと狭くなってしまっているという得失二面がある。

アンシュタルト原理をもったアソシエイションとしての町内会と町内会連合のようなものが――そして地域だけでなく職域などでも同様のアソシエイションが――、このようなミドルメディアによって運営されることを通じて、新しいローカルな政治が実現していくことになるのではないか。そのとき、期待されるN：Nメディアにもとづく「多元的なミドルメディア政党」は、ちょうど村方三役の現代版が結合したようなものとしてイメージされるのである。

大阪維新の会は、もともと、ローカルな基盤の上で政策形成をおこなったミドルメディア政党だったのだ。そして、ミドルメディア政党として、大阪市・大阪府においては、大きな成功を収めた。しかし、いまのべたような地域・職域のアソシエイションに根づいていくのではなくて、むしろそうしたものを抑えながら、国政進出の方向に行き、マスメディア政党化の途《みち》をたどっていっている。そうして、初期にもっていたローカル政党としての力を失っていった。

最近の東京都議選をめぐる動きを見ても、日本維新の会は、東京都独自の自治体改革や地域自治政策を充分に提起しえず、むしろ国政中心のスタンスが目立ち、まったくの「全国政党の都パート」になってしまっているように見える。このように**ローカル政党としての特色を失っていっていることが党勢の伸び悩みの原因だと気づくべきだ。**

少し前に、やはりローカルなミドルメディア政党として成功を収めた例として、東京・神奈川をはじめ首都圏中心に地方自治体に議員を「派遣」して、「共生・自治のまちづくり」「政治を生活の道具に」などを掲げて活動した生活者ネットの運動(東京では「生活者ネットワーク」、神奈川では「神奈川ネットワーク運動」という名称)がある。このネットワーク運動は、生活クラブ生協連合会という生活協同組合を母胎にしたものだけに、住民自治に根ざした政治媒体としてユニークな役割を果たしたが、やはり国政進出の方向に行き、民主党に合流して国会に進出し、そうした方向が強まるとともに、地方自治体においてもゆきづまりを示すようになり、勢いを失っていったのである。

大阪維新の会にしても、生活者ネットにしても、国政進出や全国政党化の方向を採ることになったのは、今日の地方自治制度において自治権があまりにも制限されたものになっているために、その制度を国レヴェルで変えなくては、めざす政策が実現できない、という事情があったことは理解できる。しかし、それだけではなくて、やはり政治媒体としてミドルメディアに徹することができず、マスメディアにいってしまうところに誤りがあったと思うのである。

B2CではなくC2Cの政治媒体に

インターネットを通じた取引（イーコマース略称ＥＣ）の形態を表す用語に、Ｂ２Ｂ・Ｂ２Ｃ・Ｃ２Ｃ・Ｃ２Ｂというものがある。ＢはBusinessの頭文字で「企業」を表し、ＣはConsumerの頭文字で「消費者」を表し、２はtoのことで「〜へ」を表している。つまり、Ｂ２Ｃというのは「企業から消費者へ」、Ｃ２Ｃというのは「消費者から消費者へ」ということ。そして、Ｂ２Ｃの媒介をしているメディアが、アマゾン、ヤフー、楽天などが運営するプラットフォームで、そこにＢが通信販売の店舗を出店して、それぞれの店舗の商品を見たＣが、アマゾン、ヤフーなどを通じて注文し購買するわけだ。また、C2Cは、ネットオークションや中古品販売のような消費者個人どうしの取引だが、この場合にも、同じくアマゾン、ヤフー、楽天などのプラットフォームがメディアとなって購買を媒介している。

　このようなB2C・C2C関係と、その媒介をするメディアを政治媒体にあてはめて考えると、維新の会が、インターネットメディアを使って、市民と関係を結び支持を調達するのは、維新の会の候補者・政治家（多くは既成政治家）がBにあたり、市民がCにあたるというB2Cの関係ということになるだろう。そして、アマゾン、ヤフー、楽天がB2Cのメディアになって大儲けしたように、維新の会も、候補者・政治家のポータルサイトになって、大量の支持をかき集めることができたのである。

　しかし、維新の会は、C2Cつまり「消費者から消費者へ」の政治媒体になることはできなかった。なろうともしなかった。そして、B2C「企業から消費者へ」というメディアでは、結局、1：Nにサプライサイド・イニシアティヴのマスメディアの域をでることができないのだ。ここが橋下維新のメディアとしての限界だ。橋下維新のメディア戦略は大成功を収めたが、それはアマゾン、ヤフー、楽天などと同じレヴェルの成功であって、旧《ふる》いビジネスモデルが新しいメディアをうまく使ったということにすぎないのである。

また、生活者ネットは、N：Nメディアの政治媒体として機能していたのだが、国政進出や協同組合の基盤から遊離するなかで、次第にその特質を発揮できなくなっていった。

これに対して、これまでの地域政党では、沖縄の社会大衆党、北海道の新党大地が、国政との関わりを積極的に追求しつつも、あくまでローカルの政党としてのスタンスを失わず、小さいけれども重要な役割を果たしてきている。これらの地域政党から学ぶべきものは大きいのではないか。政界再編、政治主導の政治と二〇年以上いいつづけて、さっぱり実現しないどころか、全国政党への失望が広がるだけという状況が生まれているのは、もはやナショナルな一元的「勢力」結集という発想自体が無効になっているからだ。それに代わって、ローカルな多元的パワーの簇生《そうせい》と連合こそが求められているのである。

伝達媒体のほうでは、Web 2.0 の時代の到来がいわれ、急速な進展を見せている。そして、Web 2.0 というのは、結局のところ、P2Pになるといわれている。P2Pというのは Peer to Peer のことで、ネットワーク上で対等な関係にある端末間（Peer とは同等のものという意味）を相互に直接接続して情報通信しあう方式のこと。こうしたメディアの進化に応じて、ビジネスモデルにおいても、B2Cは廃《すた》れ、C2C、さらにはP2Pが栄える方向に展開していくことはまちがいない。

政治状況においても、先に見たように、政党政治の「無極化」が進んでいるなかでは、政治媒体としての政党のありかたも、ビジネスモデルと同様の展開になっていくことと思われる。C2C、さらにはP2Pの政治媒体としての多元的でローカルな政党が連合して、プラットフォームを形成していくことこそが求められるようになるにちがいない。

メディアの変容は、加速度的に速くなっている。アメリカ合衆国で、五〇〇〇万人がラジオを聴くようになるまでに、四〇年という長い歳月を要したが、パソコンが登場してわずか一五年で、パソコン利用者は五〇〇〇万人に達し、インターネットが登場してわずか四年で、インターネットを利用するアメリカ人は五〇〇〇万人に達したのだ［ギデンズ二〇〇一］。

われわれは、このような急速な展開に適応し、新しいメディア形態を使いこなし、また自分自身が使えるような社会的メディア、政治的メディアをつくりだしていかなければならないのではないか。

マネーを媒介としない経済の広がり

最後に経済的メディアの変容について見てみたい。

伝達媒介としての文化的メディアの変容は、このように急速に進み、政治媒体としての政治的メディアの変容も、日本でも遅ればせながら進もうとしているが、経済媒体としての経済的メディアの変容は、日本ではまだまだ顕在化していないように見える。しかし、アメリカ合衆国をはじめとする欧米先進国では、実はかなりの程度の変容が進んでいる現実がある。

近代社会は資本主義社会だから、そこにおける経済は、基本的にすべてがマネーを媒介に動くようになっている。しかし、そのなかでも、共有牧草地や山林入会地のような共有・共同利用、中元・歳暮をはじめとする儀礼と結合した贈答経済、隣近所での食料品の融通のしあい、生活用品・農耕用具の貸しあいなど、いろいろな非金銭経済関係が存在してきた。

そして、最近になって、新しいかたちでの非金銭経済が広がってきているのだ。すでに「ボランタリー・エコノミーとソーシャル・キャピタル」の項で見たように、マネーを介さない交換や互酬による使用価値中心のボランタリー・エコノミー、あるいはソーシャル・キャピタルの集積によって形成される新しい市場が見られるようになってきている。

また、「フリーミアム」(free + premium = freemium)と呼ばれる「基本的なサーヴィスや製品を無料で提供し(free)、さらに高度な機能や特別な機能について料金を課金する(premium)しくみ」がインターネットを利用して、広く普及してきた。そのほかにも、さまざまな形態を採りながら、無料経済、無料でもビジネスが成り立つフリービジネスが伸びてきている。

その現象をめぐって魅力的な考察をくりひろげたクリス・アンダーソンの『フリー』が日本でもベストセラーになったが、そこでアンダーソンがいっているように、いまや「デジタルのものは、遅かれ早かれ無料になる」「アトム（デジタルではない現物のこと）も無料になりたがる」「フリーは止まらない」という時代に入っているのだ〔アンダーソン二〇〇九〕。

重要なのは、ここでいわれている「フリー」（free）が、「無料」というだけでなく、サーヴィスや製品が供給されるときにこうむるさまざまな制約から「自由」であるという意味を含んでいるということだ。だから、「無料」ということも「費用からの自由」ととらえるべきだとアンダーソンはいっている。

さらには、たとえば、自家用車をやめて、どこでも拾えてどこでも捨てられるレンタカーのシステムを利用するカーシェアリング、パリのヴェリブ（vélib'）、ニューヨークのシティバイク（Citi Bike）のような公共の自転車貸出システムに見られるインターネットや電子メディアを利用した新しいシェアリング・システムが展開されはじめている。そこには、すでにシェアリング・エコノミー（sharing economy 共有経済）と呼ばれる新しい経済システムが発展しつつあると見なければならない〔ボッツマン＋ロジャース二〇一〇〕。

日本でもシェアリングは、いま隠れたブームになっている。たとえば、カーシェアリングへの関心が急速に高まっていて、国内で現在三二社がサーヴィスを提供、会員数は二〇〇九年から一〇年で二・五倍に膨らみ、その後も伸びつづけている。この動きを採り上げた『日経エコロジー』の記事は、このような動きは「利用できれば所有しなくてもいい」という消費者の増加を意味しており、シェアリング市場の拡大が予想される、と分析している［田中・相馬二〇一〇］。

そして、これもすでにふれたように、そのような非金銭経済を媒介している、コミュニティに根ざした地域通貨や、コラボレーションによるソーシャル・キャピタルといった、マネーではない経済媒体の働きも注目されるようになっているのである。

モノを欲しがらなくなった若者たち

このような経済——それらをひっくるめて「広い意味でのボランタリー・エコノミー」と呼ぶ——が生まれてきたのには、それなりの社会的背景がある。

この社会的背景については、世界的な経済危機、それによる所得格差の拡大、非正規雇用の拡大、大企業や銀行に対する不信といった否定的な現象が挙げられているが、けっしてそれだけではない。むしろ、そういう否定的な現象も含めて、現在の状況をどう受けとめ、どう考え、どうふるまっていくかという価値観が大きく変化してきたことを見なければならない。

「所有から利用へ」というトレンドのなかでシェアリング・エコノミーを分析しているリサ・ガンスキーは、アメリカにおけるさまざまなリサーチにもとづきながら、アメリカ人の五六%が「いまの不況は物質主義的な生活をやめる機会だと思う」と考えていること、そしてじっさいに八人に一人が「以前より買いたい物がなくなった」と考えていることなどに着目し、アメリカ的生活様式の特徴だった「獲得の文化」が薄れつつあることを指摘している。そして、「獲得の文化」に代わる「共有の文化」の価値観を領導しているのが「ミレニアム世代」「ジェネレーションY」と呼ばれる二〇〇〇年以後の若い世代であることに注目している「ガンスキー二〇一二」。

「所有した多くのモノに囲まれた生活」から「必要なときに必要なものを利用できる生活」への生活価値観の変化は、日本においても見られるようになってきた。むしろ、モノを所有することのわずらわしさから逃れようという傾向が見られるのである。日本でも「所有から利用へ」というトレンドがあらわれてきているのだ。

それが若者によって領導されているのも、アメリカと同じ。若者、特に二〇代後半の世代がモノを買わなくなり、モノを欲しがらなくなったことに多くのマーケターが注目している。特に問題にされたのが「自家用車」「アルコール飲料」「海外旅行」というかつての若者消費の花形が、いずれも減退しているという事実。いろいろな統計がそれを裏づけているが、要するに、かっこいい車を乗り回し、しゃれた酒場で酒を飲み、休みには海外旅行するような生活は、むしろダサイものになってきているということなのだ。

ボランタリー・エコノミーの社会的背景

そうした現象に注目したマーケターは、さまざまな分析をおこなっているが、そこからでてきたのは、「低収入」「格差」「非正規雇用の増加」だけが若者の「嫌消費」——ということばがマーケターの間では使われている——の原因ではなくて、それ以上に重要な原因は価値観の変化だということだ。

そもそも所得に不釣合いな車を買い込み、不釣合いなバーやレストランに出入りし、不釣合いなホテルに泊まるといった「背伸び消費」あるいは「顕示的消費」「虚栄消費」こそが、長い間、若者消費の特質だった。だから、いまの若者は、昔の若者にくらべてカネがなくなったから、正規の仕事に就けないから、消費をしないのではないのだ。昔の若者はカネがなくても背伸びしたものなのだ。ところがいま、三〇代で年収一〇〇〇万の若者でも、単身生活をしているマンションの部屋にはベッドとテーブルセットがあるだけで、車はもちろん、テレビもなければ新聞もとっていないというのが普通に見られる。このように、生活価値観の変化によって「背伸び消費」「顕示的消費」「虚栄消費」、さらにはガンスキーのいう「獲得の文化」が失われたことこそが、若者の「嫌消費」のほんとうの原因なのである。

毎年おこなわれる内閣府の「国民生活選好度調査」によると、二〇〜三〇歳代の若者は、四〇〜六〇歳代に比べると、ずっと経済的余裕のなさを感じているが、にもかかわらず生活満足度も幸福感も上の世代よりも高いのである。また、内閣府の「社会意識に関する世論調査」によると、二〇歳代の社会貢献意識（「社会の一員として何か社会のために役立ちたいと思っているか」にイエスと答える）は、年々増加し七〇％を超えている。一九八〇年代には二〇歳代の社会貢献意識は三〇％にすぎなかった。こうしたところから見ても、経済的余裕があれば消費は拡大するという時代は終わったということがわかる［久我二〇一二］。じっさい、こうした動向を見た企業は、利益獲得と社会貢献を同時に実現するコーズ・マーケティング（Cause-related marketing　特定の商品を購入することが社会貢献に結びつくと訴える販促キャンペーン）を展開するようになっている。

若者の消費行動は、それを見ていれば時代状況を察知できる敏感なセンサーであり、バロメータである。そのセンサーがいま示しているのは、「もうモノは所有したくない」「モノを所有するためのカネは要らない」「自分がいま・ここで生きたいように生きたい」という生活意識なのだ。若者のなかからこれまでのような意味での「欲望」が失われているのだ。その失われた欲望とは生理的な意味での欲望ではなくて、社会的な意味での欲望、社会的に共通の価値を有するもの――マネーに象徴されるもの――を所有しようという欲望がなくなっているのである。われわれは、ここに、日本社会変貌のバロメータを見るべきだろう。

脱産業社会・脱近代社会への対応

いままでのべてきたような社会・政治・経済の根底からの変化は一つの共通基盤から生じているように思う。そして、その共通基盤は全体として、広い意味でのメディアの変容に関わっているのである。

これらはすべて、ウェブとモバイルによってできあがったネットワークを基盤にして生まれてきた。そのネットワークは、まえにいったように、二〇〇〇年代に入ってから、あっというまに全世界に広がった「利用料金が距離にも時間にも位置にも依存しない」情報通信によって、遠距離にあるモノとヒト、ヒトとヒトが常に安価につながることができるようになったのだ。また、ネット上のデータバンクと検索システムの発達によって、ニーズに関するデータ、それを満たす手段についてのデータが膨大に集積され、ユーザーがそれに常にアクセスできるようになった。この二つの点で、ウェブとモバイルをベースにしたネットワークが社会的に確立されたから、広い意味でのボランタリー・エコノミーが可能になり、ソーシャル・ネットワークの基盤がボランタリー・エコノミーを可能にしたのである。

その意味で、伝達メディアの変容が、マネーという単一の経済メディアの支配を崩しはじめているということが重要である。それは、ニーズとそれを満たす手段が、マネーを媒介にしないでも、ウェブとモバイルのソーシャル・ネットワークを通じて結びつくことができるようになったためである。

逆に、政治媒体の変容、経済媒体の変容が、それぞれ伝達媒体の新しいありかたを要請し、それにともなって伝達媒体が進化する、という関係も見ることができる。この関係は、特に経済から伝達への作用において著しく、こういうビジネスモデルができないかという要請から伝達媒体としての電子メディアが進化するという場合がいろいろと見られてきている。

このように、メディアの変容は、すべて相互に連関していて、全体として経済のありかた、政治のありかた、社会のありかたを変えていっているのである。このようなメディアが先導する社会の変化全体を指しているのが、「情報化社会」(information-oriented society)「脱産業社会」(postindustrial society)という規定にほかならないのだ。そして、それは脱近代(postmodernity)をも意味している。われわれの社会は、数百年規模の大きな変貌を経験しようとしているのだ。

このような大きな変貌を前にして、既存の政治的・経済的・社会的パワーは、ほとんど有効な対応をなしえていない。そうした状況のもとで、曲がりなりにも、これに対して積極的な対応をしていこうとした橋下維新の運動が大きな注目を集めたのは当然のことといえるだろう。

ただ、橋下維新の対応にも、大きな限界があり、そのためにせっかくの挑戦を無にするような方向に進んでいるとしか思えない。

橋下維新の運動は、伝達メディアの変容には非常に積極的に対応し、最大限に利用した。政治メディアの変容にも、運動の初期には積極的な対応を見せ、それによってローカル政党としての成功を勝ちとった。

しかし、経済的メディアの変容には、まったく対応しようとしていない。そういう問題意識がそもそもないのだ。だから、彼らの政策は、当初の大阪維新の段階から、すでに見たように、金儲け主義の開発、つまり旧来のマネー・メディア・オンリーの開発しかやろうとしていないのである。これは、単に経済メディアとしてのマネー偏重ということにとどまらず、伝達メディア、政治メディアを含むメディア全体の変容に対するとらえかたの浅さを示しているといわざるをえない。

ただ、これは、国政政党で見れば日本維新の会にかぎったものではなく、民主党が「新しい公共」を通じてボランタリー・エコノミーを追求したことを除けば、どの政党にも、これといった対応を見ることはできない。そうしたなかで、全体政治に受動的に頼るのではなく、われわれ自身の手による「小さな自治」からはじめて、「大きな社会」の自己統治をめざしていく、新しい社会運動が必要とされているのではないかと、私は強く思うのである。

参考文献

本書のテーマに関連した参考文献は数多くありますが、本書執筆の過程で参照し、記述を利用させていただいた文献のみを、日本語文献（訳書を含む）、外国語文献（未翻訳と思われる文献）の二つのグループにわけ、日本語文献は著者・編者の五十音順、外国語文献はアルファベット順に記します。

本文中では、煩雑さを避けるために、出所の記載を省略させていただいた場合があります。悪しからず、ご了承下さい。

アンダーソン＝クリス［高橋則明訳］『フリー』（日本放送出版協会、二〇〇九年）
一ノ宮美成＋グループ・K21『橋下「大阪改革」の正体』（講談社、二〇〇八年）
一ノ宮美成＋グループ・K21『橋下「大阪維新」の嘘』（宝島社、二〇一二年）
上山信一『大阪維新』（角川SSコミュニケーションズ、二〇一〇年）
ウォーラーステイン＝イマニュエル［丸山勝訳］『ポスト・アメリカ』（藤原書店、一九九一年）

内田樹・香山リカ・山口二郎・薬師院仁志『橋下主義《ハシズム》を許すな！』（ビジネス社、二〇一一年）
大窪一志『「新しい中世」の始まりと日本』（花伝社、二〇〇八年）
大阪市コミュニティ協会『大阪市コミュニティビジョン研究会中間報告書』（大阪市コミュニティ協会、二〇〇九年）
大阪市コミュニティ協会『市民協働のまちづくりによるコミュニティの活性化』（大阪市コミュニティ協会、二〇一一年）
大阪の地方自治を考える会『「仮面の騎士」橋下徹』（講談社、二〇一一年）
大前研一『地域国家論』（講談社、一九九五年）
大森彌『変化に挑戦する自治体』（第一法規、二〇〇八年）
片木淳「『地域主権国家』と地域コミュニティ」、『Governance』二〇一〇年一月号
金井利之「『大阪都構想』とは何なのか」、『世界』二〇一一年一二月号
金子郁容・松岡正剛・下河辺淳『ボランタリー経済の誕生』（実業之日本社、一九九八年）
ガンスキー＝リサ〔実川元子訳〕『メッシュ』（徳間書店、二〇一一年）
ギデンズ＝アンソニー〔佐和隆光訳〕『第三の道』（日本経済新聞社、一九九九年）
ギデンズ＝アンソニー〔佐和隆光訳〕『暴走する世界』（ダイヤモンド社、二〇〇一年）
久我尚子「消費離れの今どきの若者たち、消費牽引の鍵は？」、『研究員の眼』（ニッセイ基礎研究所）

二〇一二年四月二日
久保田章市『百年企業、生き残るヒント』（角川SSコミュニケーションズ、二〇一〇年）
倉沢進・秋元律郎 編著『町内会と地域集団』（ミネルヴァ書房、一九九〇年）
小西砂千夫『地方財政改革の政治経済学』（有斐閣、二〇〇七年）
小林久高「政党好感度・政党支持・投票行動―政権交代の基礎にあるもの―」、『流動化のなかの社会意識』（東京大学出版会、二〇一一年）
榊原英資「地方の『反乱』」、『表現者』二〇一二年三月号
佐々木俊尚『2011年新聞・テレビ消滅』（文藝春秋、二〇〇九年）
佐藤優『国家の罠』（新潮社、二〇〇五年）
産経新聞大阪社会部『橋下語録』（産経新聞出版、二〇一二年）
善教将大・坂本治也「橋下現象はポピュリズムか？―大阪維新の会支持態度の分析―」、『SYNODOS JOURNAL』二〇一二年七月二四日
第三書館編集部編『ハシズムは沈むか』（第三書館、二〇一二年）
田中太郎・相馬隆宏「もはやエコは当たり前―「所有」から「シェア」へ カーシェアリングが伸びるワケ」、『日経エコロジー』二〇一〇年四月号
月尾嘉男『サイバーメディア新思考経済』（徳間書店、一九九七年）

トクヴィル＝アレクシス・ド［小山勉訳］『旧体制と大革命』（筑摩書房、一九九八年）
内閣府「国民生活選好度調査」「社会意識に関する世論調査」［ともにウェブ上にデータ公開］
橋下徹・堺屋太一『体制維新――大阪都』（文藝春秋、二〇一一年）
パットナム＝ロバート［河田潤一訳］『哲学する民主主義』（NTT出版、二〇〇一年）
福武直『日本農村の社会的性格』（東京大学協同組合出版部、一九四九年）
藤川太「浪費繰り返すプチ高所得者の精神構造」、『PRESIDENT』二〇一二年七月五日号
プルードン＝ピエール・ジョセフ［長谷川進訳］『連合の原理』（アナキズム叢書・プルードンⅢ、三一書房、一九七一年）
北海道自治政策研修センター［西部忠監修］「豊かなコミュニティづくりを目指す地域通貨の可能性―地域社会の創造的な活性化を求めて―」（北海道庁、二〇〇一年）
ボッツマン＝レイチェル＋ロジャース＝ルー［関美和訳］『シェア』（日本放送出版協会、二〇一〇年）
マクファーソン＝クロフォード・ブラウ［藤野渉ほか訳］『所有的個人主義の政治理論』（合同出版、一九八〇年）
松谷満「ポピュリズムの台頭とその源泉」、『世界』二〇一一年四月号
松谷満「誰が橋下を支持しているのか」、『世界』二〇一二年七月号
水野和夫「BRICsの近代化と日本の格差拡大」、三菱UFJ証券『水野レポート』No.11、

二〇〇六年八月
宮崎学・小林健治『橋下徹現象と部落差別』（にんげん出版、二〇一二年）
宮本憲一「都市格のある街をつくろう」、『世界』二〇一二年七月号
森裕之「維新の会は大阪をどう改造しているか」、『世界』二〇一二年七月号
山口二郎『ポピュリズムへの反撃』（角川書店、二〇一〇年）
吉富有治『橋下徹　改革者か壊し屋か』（中央公論新社、二〇一一年）

*

Pekkanen, Robert , *Japan's Dual Civil Society*, Stanford University Press, 2006.

著者紹介／宮崎 学（みやざき　まなぶ）
作家。1945年京都生まれ。早稲田大学法学部中退。
高校時代に共産党に入党し、早大時代は学生運動に邁進。その後、週刊誌記者、家業の土建・解体業を経て、それらの経験を描いた『突破者』でデビュー。以降、各地の被差別部落を訪ねた『近代の奈落』、『近代ヤクザ肯定論』、『法と掟と』、『「自己啓発病」社会』、『橋下徹現象と部落差別』（共著）など日本近代と社会運動を再検証する著書を多数執筆。

モナド新書 007

橋下維新の挑戦とアンシャン・レジーム

2013年7月22日　　初版第一刷発行

著　者　宮崎学
発　行　株式会社にんげん出版
〒101-0051
東京都千代田区神田神保町2-12　綿徳ビル201
Tel 03-3222-2655　Fax 03-3222-2078
http：//ningenshuppan.com/
装丁・本文組版　板谷成雄
印刷・製本　萩原印刷㈱

ISBN 978-4-931344-36-5　C0236

モナド新書の刊行に際して

「なぜ私はここにいるのか？」自分にそう問いかけて、たしかな答えを返せる人はいないだろう。人は誰しも生まれ落ちる時と場所を選べず、そのときどきの選択とあまたの偶然に導かれて今ここに至っているにすぎないからだ。つまり私たちは必然的な存在ではない。にもかかわらず、こうなるしかなかったという意味で、私は世界で唯一の存在である。

そのようにして在るかけがえのない〈私〉は、ライプニッツのいうモナドとしてとらえることができよう。ところがモナドには窓がないという。そのため、たがいの魂を直接ふれあわせることはできず、それぞれが孤立したまま活動を続けていくしかないのだと、ライプニッツはわれわれを突き放す。それでもモナドは自らの経験を捉えなおそうとして言葉を表出する。言葉は頭の中にものを考えるリズム感覚と広い空間を作り出し、モナドはたがいが表出した言葉を介して交流してゆく。

ここにモナド新書として刊行される書物たちもまた、孤独な歩みのうちに自らを鍛え、掘り下げられた言葉によって人々につながろうと意欲するものである。ただし、つながることイコール融和ではない。対立や矛盾を包み込むのではなく、読者を個別に状況に突き返し、そこでの闘いを励ますためにこそモナド新書は編まれる。